Ponygek Omnibus 3

Ponygek Omnibus 3

"Het pechstokje"

&

"Puzzel in je hoofd"

Onvergetelijke pony-avonturen van

Stasia Cramer

Uitgeverij Tadidom

Ponygek Omnibus deel 3 bevat de pony-avonturen:

1. 'Het pechstokje'
© Stasia Cramer
leesniveau E5/M6
eerder uitgegeven door
uitgeverij Zwijsen Algemeen BV te Tilburg
en
2. 'Puzzel in je hoofd'
© Stasia Cramer
leesniveau M6/E6
eerder uitgegeven door
uitgeverij Zwijsen Algemeen BV te Tilburg

1ste editie Ponygek Omnibus 3

Uitgeverij Tadidom 2012
www.stasiacramer.nl

ISBN: 978-90-74430-17-3

NUR: 280

Inhoud
Het pechstokje

1. Te laat op kamp

"Waarom gaan jullie niet even tv-kijken?" vraagt Tessa's moeder. "Papa gaat toch niet voor drie uur rijden!" Tessa en Emma schudden hun hoofd en zeggen in koor: "Geen zin."
Ze zitten naast elkaar op de bank. Twee grote tassen met kleren staan naast hen op de grond. Hun slaapzakken en kussens liggen al in de auto, net als de tassen met paardrijspullen.
Tessa en Emma gaan samen op ponykamp. Tessa's ouders brengen hen weg. Ze moeten om vijf uur in Drenthe zijn. "Het is minstens twee uur rijden, we moeten op tijd weg!" Dat zei Tessa's moeder vanmorgen, maar haar vader zei: "Het is máár twee uurtjes rijden, dus we vertrekken niet te vroeg. Op zondag zijn er toch geen files."
Tessa en Emma willen nú vertrekken. Of eigenlijk hadden ze al lang in de auto willen zitten. Vanaf twaalf uur zitten ze al paraat op de bank. Tessa heeft haar vader gesmeekt eerder weg te gaan, maar dat wilde hij beslist niet.
"Als we te vroeg zijn, moeten we daar zeker in een café gaan zitten wachten? Ik peins er niet over. In de brief van het kamp stond dat we zeker niet vóór vijf uur moeten komen. Ze hebben de tijd tussen de kampen nodig om de nieuwe week voor te bereiden."
Tessa had de brief ook gelezen, maar toch... Liever te vroeg dan te laat, had ze gedacht.

Tessa en Emma denken, praten én dromen al weken over het ponykamp, alleen maar over ponykamp. Dat doen ze al sinds ze zich hebben ingeschreven, zo'n twee maanden geleden. Dit gaat een super ponykamp worden. Er wordt een week lang gewerkt aan een show. Met kürtjes op muziek, dans, zang, toneel en wat de meiden verder ook maar kunnen. Dat staat op de website te lezen. En daarom wilden Tessa en Emma alléén maar naar dít kamp.

Tessa's moeder kijkt naar de twee meisjes op de bank. Normaal praten ze honderduit. Maar nu zijn ze stil, heel erg stil.

"Doe dan in elk geval je jas even uit," zegt ze tegen haar dochter. "Tessa, het is erg warm. Het duurt nog zeker een uur voordat we gaan. Je gezicht is rood van de hitte! Doe eens even normaal, zeg!"

Tessa trekt haar jas om zich heen alsof ze het wél koud heeft. Ze kijkt snel naar Emma en zegt dan tegen haar moeder: "Juist omdat het zo warm is, houd ik hem aan. Dat klinkt misschien raar, maar het is wel logisch. Ik vergeet altijd mijn jas mee te nemen als het warm is. Misschien slaat het weer deze week om. Dan heb ik er spijt van dat ik hem nu niet aangehouden heb. Hij past niet meer in mijn tas." Ze wijst naar de uitpuilende tas op de grond.

"Tessa's logica," verzucht haar moeder. "Wat een verstand! De voorspelling is voor de hele week goed. Jullie hebben geluk. Vorige week is het heel slecht geweest in Drenthe. Veel regen en onweer. Dan is het niet leuk om op kamp te gaan. Maar als je bang bent om je jas te vergeten, dan leg je hem toch in de auto? Dat heb ik vanmorgen al tegen je gezegd!"

Tessa haalt haar schouders op, maar zegt niets.

"Nou ja, ik ga nog maar even in de tuin werken," zegt haar moeder. "Met jullie valt niet normaal te praten."

Als haar moeder weg is, haalt Tessa opgelucht adem. Ze doet haar jasje open en wuift zich koelte toe. Dan grinnikt ze naar Emma.

Tessa heeft haar jas om een andere reden aan dan ze haar moeder heeft verteld. Haar ouders mogen haar bh met vulling niet zien. En ze mogen ook niet weten dat ze een verkeerde geboortedatum aan het kamp heeft doorgegeven. Het ponykamp is voor meiden vanaf twaalf jaar en Tessa is pas tien. Tessa heeft op het formulier de geboortedatum van haar zus van twaalf ingevuld. Ze hoopte dat haar ouders er overheen zouden lezen. Dat is inderdaad gebeurd. Haar moeder heeft haar handtekening zo onder het door Tessa ingevulde formulier gezet.

Emma is wel twaalf. Tessa kent Emma van de manege. Ze rijden allebei op de zaterdagmiddag. Emma kwam met het idee om samen op kamp te gaan. Ze had heel wat websites bezocht en eentje was er voor haar uitgesprongen. Een kamp met een show! Zo'n kamp leek Tessa ook het einde. Een kür op muziek rijden, net als Anky! Ze houdt ook van zingen, dansen en toneel.

"Je moet nu al beginnen met toneelspelen," had Emma gezegd. "Want op kamp moeten ze geloven dat je een meisje van twaalf bent. Hoe krijgen we dat voor elkaar?" Samen waren ze voor de spiegel gaan staan.

"Je bent wel klein, zelfs voor een meisje van tien. Dat is een nadeel," had Emma gezegd. Emma is meer dan een hoofd groter dan Tessa. "En die korte pony maakt je gezicht erg jong. Die kun je langer laten groeien."

Tessa had geknikt. "Zal ik wat make-up opdoen?" Haar zus Anke is aan het oefenen met mascara en oogschaduw. Haar wastafel ligt vol make-up.

"Ja, dat is een idee," had Emma gezegd.

Meer ideeën borrelden op. "Ik koop een grote zonnebril," had Tessa bedacht. "Dan zie je mijn gezicht bijna niet. Die bril houd ik de hele dag op. Dan zeg ik dat ik last heb van mijn ogen. Oma heeft ook altijd een zonnebril op vanwege haar ogen. Ik zeg gewoon dat ik dat van oma heb geërfd."

"Je kunt ook een bh met vulling kopen," had Emma voorgesteld. "Meisjes van twaalf hebben meestal al borsten

8

en meisjes van tien zeker niet. Als je borsten hebt, móeten ze wel denken dat je twaalf bent."

"Zo'n bh pas ik toch niet?" had Tessa gezegd. "Ik heb een hele kleine maat, hoor!"

"Dan maken we de bh toch passend? Ik kan wel naaien." Na lang zoeken hadden ze een geschikte bh gevonden. De bh was wel duur! Maar toen Emma klaar was met naald en draad en Tessa de bh paste, was ze blij met de aankoop.

En dan is het eindelijk drie uur. Ze gaan naar Drenthe! Het eerste deel van de reis gaat snel. Maar bij Zwolle komen ze in een file terecht.

"Er is een ongeluk gebeurd," zegt Tessa's moeder. "Kijk maar, er is politie en een takelwagen."

"Ik ben blij dat wij niet bij het ongeluk betrokken zijn," zegt Tessa's vader.

Tessa en Emma zitten zich op de achterbank te verbijten. Ze kijken steeds op hun horloge. Heel soms kunnen ze een stukje rijden. Maar dan staan ze ineens weer tien minuten stil.

Het is kwart over vier... half vijf... kwart voor vijf... vijf uur. Het is nog zeker drie kwartier rijden vanaf Zwolle. Ze zijn te laat! Tessa is kwaad op haar vader, maar ze laat niets merken. Haar vader heeft er een hekel aan in de file te staan. Hij kan zomaar ontploffen als je iets tegen hem zegt. Nu trommelt hij alleen maar met zijn vingers op het stuur.

Pas om half zeven rijden ze het erf op. De andere meiden zijn er al. Ze komen direct op hun auto afgerend.

Tessa is de auto pas half uit, als een wat ouder meisje met uitgestoken hand op haar afkomt.

"Ik ben Ike," zegt ze. "Ik ben hier samen met Irene. We komen uit Den Haag. Fijn dat jullie er zijn, nu kan het kamp pas echt beginnen!" En daarna worden er handen geschud. Met Marit van vijftien, Nadia van dertien, Vera van twaalf en

Julie van veertien.

Wow, ik ben echt héél erg jong vergeleken met de anderen, denkt Tessa. Het is maar goed dat ik mijn zonnebril op heb. Ook de assistentes Brenda en Dzanan stellen zich voor. Dan komen Monja en haar man John van Erp naar buiten om hun nieuwe gasten welkom te heten.

"Ik leid jullie even rond op het terrein," zegt Monja. "We gaan zo aan tafel, dus ik doe het snel. We gaan van alles doen vanavond. De andere ouders zijn al lang weg."

Monja laat eerst de slaapkamer in de boerderij zien. Daarna gaan ze naar buiten om de manege en de stallen te bekijken. "Monja, Mónja!!!"
Monja wordt geroepen door één van de deelnemers. Marit komt aanrennen en roept: "Volgens mij heeft één van de pony's koliek. Hij blijft maar heen en weer rollen en kijkt steeds naar zijn buik."
Monja gaat snel met Marit mee naar het weiland.
Tessa's ouders besluiten meteen weg te gaan. "Het kamp gaat beginnen en wij moeten nog een heel eind met de auto. Zullen we jullie spullen uit de auto pakken? We kunnen ze in de slaapkamer neerzetten, heeft Monja gezegd."
Tessa's ouders helpen met sjouwen. Tessa heeft een grote weekendtas, een tas voor haar rijbroeken en rijlaarzen en een tas met snoepgoed. Dan zijn er nog de vuilniszakken met een slaapzak en een kussen.
Emma heeft ook zoveel tassen bij zich.
"Heb je écht alles?" vraagt moeder als ze twee keer op en neer naar de auto zijn geweest. Tessa kijkt haar spullen na en knikt. "Gaan jullie nou maar."
Haar vader en moeder rijden weg. Als ze al een stuk het pad af zijn ziet Tessa ineens haar cap op de hoedenplank achter in de auto liggen.

2. De oen

Tessa rent achter de auto aan, terwijl ze roept: "Wacht, m'n cap, m'n cáp!"
Haar ouders zien haar niet en de auto is al bijna aan het einde van het pad. Tessa probeert de aandacht te trekken door te zwaaien en te springen. Maar ineens struikelt ze over haar eigen benen. Ze ligt languit op de grond, met haar gezicht in de modder. Tessa is even verdoofd door de klap die ze maakt. Als ze opkijkt, ziet ze de auto van haar ouders de hoek om rijden. Ze gaat rechtop zitten en kijkt naar haar handen. Ze zijn geschaafd door de stenen die op het pad liggen. Tessa's zonnebril ligt in de modder. De tranen branden achter haar ogen. Wat een slecht begin van het ponykamp!

Brenda, één van de assistentes, heeft Tessa zien vallen en rent naar haar toe. Ze helpt Tessa overeind.
"Meiden van twaalf huilen niet," zegt ze streng. En dan vraagt ze: "Zeg, jij bent toch nog geen twaalf? Je ziet er niet ouder uit dan tien!"
Ook dat nog, denkt Tessa. Brenda ziet nu al dat ik geen twaalf ben. Straks moet ik terug naar huis! Ik moet wat verzinnen. Eh... eh... Ineens weet ze het. Ze moet toneelspelen!
Snel slikt ze haar tranen in en zegt: "Nou moe, wat een belediging. Dat hoor ik nou bijna elke dag. Kan ik het helpen dat ik zo klein ben?"
"Eh sorry, ik dacht... je bent wél erg klein hè?" zegt Brenda.
"Maar ja, ik ben zelf erg lang. Toen ik twaalf was, net als jij, was ik al bijna een meter tachtig. Maak je maar geen zorgen om de cap. We hebben er wel eentje te leen. Je bent niet de

eerste die zijn cap vergeet!"
Tessa probeert zo volwassen mogelijk te kijken. Ze rekt zich
uit en steekt haar borst naar voren.
Brenda schiet in de lach. "Eh, je borsten hebben een deuk
opgelopen."
Tessa kijkt snel naar beneden en begint ook te lachen.
"Ga je maar snel verkleden," zegt Brenda dan. "Na het eten
hebben we een puzzeltocht. Als je klaar bent met de puzzel,
weet je meteen op welke pony je deze week gaat rijden. Over
pony's gesproken, ik ga snel naar Monja om te kijken of
Blooper koliek heeft. Dat is de pony die zo aan het rollen was
in het weiland."

Monja komt net aanlopen. Ze begint meelevend te lachen als
ze Tessa's zwarte gezicht en handen ziet.
"Arme meid," zegt ze. "Ons pad is niet echt geschikt om op
hard te lopen. Maar ik denk dat ik al weet waarom je zo
rende. Zeker iets in de auto laten liggen, hè? Maak je geen
zorgen, hoor. We hebben reserve van alles en je gaat zo
lekker onder de douche. Heb je je bezeerd?"
Tessa schudt haar hoofd en Brenda legt uit: "Tessa is haar
cap vergeten uit de auto te halen. Ik heb al gezegd dat ze er
eentje van ons kan lenen. Hoe gaat het met Blooper?"
"Met Blooper is niets ernstigs aan de hand," vertelt Monja.
"Hij heeft jeuk van de mugjes en door te rollen raakt hij de
jeuk kwijt. De grond is nog nat van alle regen en het is
bloedwarm. Dan heb je nog meer mugjes dan normaal."
Tessa begrijpt niet wat de mugjes met Bloopers jeuk te
maken hebben en Monja legt uit: "Blooper is allergisch voor
mugjes. Soms zit hij een kwartier op zijn kont om zijn staart
te schuren. Tegen de avond zijn er de meeste mugjes. We
hadden Blooper eerder binnen moeten zetten. Helaas niet
aan gedacht in alle drukte van het nieuwe kamp. Vorige
week had hij nergens last van omdat het zo regende."
Tessa pakt schone kleren uit haar weekendtas en Monja

gooit alles wat vuil is in de wasmachine.

"Die kleren krijg je morgen schoon terug," zegt ze. "Daar is de badkamer. Was je even snel, want we gaan direct aan tafel." Dzanan is al terug uit het dorp met de patat."

Ze eten patat met een snack en salade.

"Een makkelijke hap op de eerste kampdag," zegt Monja.

"Vanaf morgen eten we gezond."

Na het eten ruimt Monja samen met John de tafel af. Dzanan is ineens weg en Brenda zegt: "Nu mogen jullie met mij mee voor de puzzeltocht."

Ze staan op het plein voor de stal.

"We willen graag dat jullie het terrein leren kennen," zegt Brenda. "Daarvoor dient deze puzzeltocht. Als jullie de laatste vraag hebben opgelost, weten jullie meteen hoe de pony's en paarden zijn verdeeld."

Brenda kijkt op haar briefje en leest voor: "Vraag 1 ligt in de poetsdoos van Hamar."

De meiden rennen de stal in. Ze vinden een envelop met opdracht in de poetsdoos met het etiket Hamar. De opdracht luidt: "Hamar is door een oen opgezadeld. Zoek tien fouten in het harnachement en herstel de fouten."

Tessa weet niet wat harnachement is, maar durft het niet te vragen.

"Wat betekent harnachement?" vraagt Julie gelukkig.

"Harnachement is het tuig van het paard," zegt Brenda. "Dus zadel en hoofdstel."

Vanuit de laatste box in de stal komt Dzanan ineens met Hamar aanlopen. Dzanan zet de pony neer op het plein.

"Ik heb de oen weggejaagd," zegt ze. "Kijk nou eens hoe hij Hamar heeft opgezadeld. Wie ziet wat er is fout gedaan?"

De meisjes lopen om Hamar heen.

"Er zit een vouw in het zadeldek," ziet Marit meteen.

"De ene stijgbeugel is veel langer dan de andere," zegt Nadia.

Marit trekt de vouw uit het dek en Nadia zorgt ervoor dat de stijgbeugels even lang worden. Hamar staat niet stil en probeert bij Marit en Nadia in hun zakken te snuffelen. Hij is op zoek naar snoep. Tessa ziet dat de singel van het zadel aan de rechterkant maar met één gesp vastzit. Als ze de andere gesp wil vastmaken, draait Hamar zijn hoofd naar haar toe en bijt Tessa in ... haar bil.

"Au!" roept Tessa uit. "Dat doet zeer!"

Dzanan trekt Hamars hoofd snel terug.

"Jee, dit heeft hij nog nooit gedaan. Voortaan kunnen we beter een andere pony gebruiken."

Ook Brenda kijkt verbaasd naar Hamar en dan naar Tessa.

"Ben jij nou zo'n rampenplan of is dit jouw pechdag?" vraagt ze. "Je vergeet je cap, valt op de grond, wordt in je bil gebeten."

Brenda draait zich om naar Emma. "Is je vriendin altijd zo'n brokkenpiloot? Jij kent Tessa langer dan wij!"

Emma schudt haar hoofd. "Er is nog nooit iets raars met Tessa gebeurd," zegt ze. "We zitten al twee jaar samen op les. Ik heb Tessa zelfs nog nooit van een pony zien vallen."

"Dan is dit Tessa's pechdag," zegt Brenda. "Nou ja, die heb ik ook wel eens."

Tessa wrijft over haar bil en scheldt Hamar uit: "Je bent een oen! Je hebt jezelf zeker opgezadeld!"

Dzanan begint te lachen. "Zoiets kun je van Hamar wel verwachten, ja." Ze neemt hem weer mee naar zijn stal.

Tessa loopt snel naar de groep toe, want de volgende vraag wordt voorgelezen.

"Vraag 2 hangt bij de A in de bak," zegt Brenda.

De bak ligt naast de stal, maar de letter A is aan de andere kant van de bak. Ike rent door de bak naar de letter A. De anderen rennen achter haar aan. Alleen Tessa blijft op het plein achter bij Brenda en Dzanan. Als je een pechdag hebt, kun je maar beter rustig aandoen, denkt ze. Morgen is de pech over. Nou ja, dat hoopt ze vurig.

Ike komt met het briefje van de A terug en leest het voor: "Schrijf tien manegefiguren op met de letters erbij. Je hebt hier drie minuten voor."

Dzanan bedient de stopwatch.

"Roepen jullie maar," zegt Ike. "Ik schrijf ze op."

De manegefiguren zijn snel gevonden.

"Van K naar M van hand veranderen," zegt Emma.

"Grote volte bij C," weet Julie.

"Gebroken lijn van K naar H," roept Vera.

"Help, ik kan niet zo snel schrijven," zegt Ike. "Irene, blijf nu eens stilstaan." Bij gebrek aan een tafel om op te schrijven houdt Ike het blaadje tegen Irenes rug aan.

"Vraag 3 hangt in de hoek van het lange landje," zegt Brenda als ze klaar zijn met de figuren.

Irene en Ike kennen het terrein. Ze zijn hier al eerder op kamp geweest.

Ze wijzen naar het lange landje, dat achter de bak ligt en hollen er naartoe. Tessa rent ook mee. Ze kijkt erg goed uit waar ze loopt en springt over graspollen en kuilen.

Ike is er weer het eerst. Ze leest de vraag voor: "Zoek de drinkbakken voor de pony's en paarden op het terrein. Schrijf het totale aantal op."

Na een tocht door alle weilanden blijken er elf drinkbakken te zijn. De laatste twee vinden ze in het land naast de bak.

"Makkelijke vraag," zegt Ike en ze vult het antwoord in. "Ik heb je rug niet nodig, Irene."

Tessa staat naast Ike en gaat op haar tenen staan. Ze wil kijken of Ike het goed opschrijft. Ineens verliest Tessa haar evenwicht. Ze stoot tegen Ike aan. Ike probeert haar evenwicht te bewaren, maar valt juist tegen Tessa aan. Tessa wankelt en valt héél langzaam ... met haar achterwerk in een drinkbak.

3. Het pechstokje

Op Tessa na ligt de groep in een deuk van het lachen.
Emma pakt Tessa's hand vast. Ze hijst haar uit de drinkbak.
"Je wilde die beet van Hamar in je bil zeker wat afkoelen?"
zegt Dzanan gierend van het lachen.
"Ik dacht dat ík in de bak zou vallen!" roept Ike uit. "Heb ik
jou er nou ingeduwd?"
Tessa schudt haar hoofd en grijnst maar een beetje mee. Ze
is nat tot aan haar middel. Dan begint ze met haar heupen
rond te zwaaien. "Even wat water lozen," zegt ze.
Dit werkt weer op de lachspieren van de groep.
Tessa staat abrupt stil en zegt: "Ik beweeg vandaag niet
meer! Dit is écht mijn pechdag. In mijn hele leven heb ik bij
elkaar niet zoveel pech gehad als nu op één dag."
Maar Tessa moet wel in beweging komen, want de
puzzeltocht gaat door. In een rij lopen ze achter Brenda en
Dzanan aan.
Brenda fluistert tegen Tessa: "Er zit weer een deuk in je
borst." Tessa doet niet eens moeite om haar bh met vulling
in het gareel te krijgen. De groep heeft nu toch gezien dat ze
geen borsten heeft. Ze kan de bh net zo goed uitdoen.
Trouwens, Julie heeft ook nog geen borsten en zij is toch al
veertien?

Bij de volgende vragen blijft Tessa achter de groep staan. Ze
probeert niemand aan te raken of voor de voeten te lopen.
De andere meisjes merken het niet eens op. Ze zijn druk
bezig met de vragen.
De één na laatste vraag is in de mestplaat te vinden. Vanaf
het plein voor de stallen zien ze de envelop hangen. Maar hij
kan alleen maar gepakt worden door de hele mesthoop over

te gaan. De mestplaat ligt vol met mest en vies stro.

"Ik ga echt niet over die gore hoop, hoor," laat Nadia meteen weten.

"Ik heb ook geen zin in vieze voeten," zegt Vera.

"Straks val ik nog in een gat," is de reactie van Marit.

"Iemand moet het doen," zegt Brenda. "Hoe denken jullie dat de vraag daar is gekomen? Heb ik vieze voeten of ben ik in een gat gevallen? Jee, jullie zijn toch wel eens eerder op een mesthoop geweest? Deze week zijn jullie allemaal een keer aan de beurt met corvee. De mestplaat wordt pas over een week geleegd."

Brenda en Dzanan staan met hun armen over elkaar te wachten op een vrijwilliger.

"Ik heb heel veel vragen gevonden. Nu laat ik de eer aan een ander," zegt Ike schijnheilig.

"Laat Tessa het maar doen," stelt Irene voor. "Zij moet toch weer onder de douche."

"Nee joh," zegt Vera. "Tessa gaat vast op haar gezicht vallen. Ze zakt zo door al het stro heen."

"Met haar pech verdwaalt ze nog in de mestballen," lacht Julie.

Tessa denkt ook dat ze met haar gezicht in de mest zal vallen, maar toch stemt ze in. Als niemand anders wil... Ze is het allang zat dat ze niet echt meedoet.

Heel voorzichtig loopt Tessa over de dikke laag poep en stro. De groep moedigt haar aan. De meiden wachten op een komische val, maar die blijft uit. Even later staat Tessa achterin de mestplaat. Trots rukt ze de envelop van de muur. Dan leest ze met luide stem de vraag voor: "Zoek binnen twee minuten de volgende voorwerpen op. Leg ze op het plein voor de stal. Een grijze emmer, een witte zweep, een gele voerschep, een paar zwarte rijlaarzen, een cap, een paar handschoenen, een groen halstertouw en een rood halster."

De meiden rennen de stal in en Tessa loopt voorzichtig terug over de mesthoop. Zonder problemen komt ze aan op het plein. De meeste voorwerpen liggen al op de grond. Dzanan bedient de stopwatch weer.

"De twee minuten zijn bijna om!" waarschuwt ze.

Tessa telt de voorwerpen op het pleintje en kijkt op het briefje.

"Eh, er moet nog een eh... oh alleen nog een witte zweep komen," roept ze uit. "Emma, ik zie hem daar om de hoek van de stal staan." Net op tijd komt Emma joelend met de witte zweep aangerend. Maar ze kijkt niet goed uit en struikelt over een rijlaars die zomaar op de grond is gegooid. "Au au!" roept Emma uit. "Welke oen... welke dumbo heeft die laars... Au!"

Brenda helpt Emma overeind. Emma wrijft over haar pijnlijke knie. Ineens ziet ze dat er een gat in haar rijbroek zit.

"O nee hè, een gát in mijn nieuwe rijbroek." Ze laat de andere meisjes het gat zien.

"Wat een pech!" verzucht Ike.

"Echt zonde," zegt Irene.

"Volgens mij heerst hier een virus," zegt Dzanan. "Je hebt de pech van Tessa overgenomen, Emma. Eerst had zij alleen maar pech, maar nu heb jij het ook al."

"Ik ben heelhuids van de mesthoop gekomen, zónder pech," zegt Tessa en dan lacht ze: "Het is geen virus, want ik ben niet ziek meer. Ik heb het pechstókje aan Emma doorgegeven!"

Alle meiden lachen, behalve Emma. Ze kijkt haar vriendin boos aan, alsof het Tessa's schuld is dat er een gat in haar broek zit.

18

Ze zijn bij de laatste vraag. Dat is maar goed ook, want het wordt al donker.
Brenda leest voor: "De laatste vraag vind je in een rijdende stal."
"Dat moet de trailer op de parkeerplaats zijn," weet Irene meteen. De meiden rennen naar de trailer en vinden in het hooinet voorin voor alle deelnemers een envelop met hun naam erop.
Tessa doet haar envelop open en leest de omschrijving: "Met jouw pony van deze week zul je geen toiletteerwedstrijd winnen. En wat kan er nog meer mis gaan?"
Tessa haalt haar schouders op. Ze kent de pony's en paarden alleen van de site. Ze kan zich niet meer herinneren wat er bij welke pony stond.
Ike roept uit: "Tof, ik mag weer op Coco."
O, denkt Tessa, die naam kan ik me wel herinneren. Dat is de pony met die mooie ogen.
Tessa laat haar briefje aan Ike zien. "Weet jij welke pony dit is?" vraagt ze.
"Jij mag op Blooper," weet Ike meteen. "Blooper ís een pony, maar hij hééft geen pony. Hij heeft zijn pony weggeschuurd, heeft ook bijna geen manen en zijn staart lijkt door de ratten aangevreten. Daarmee zul je zeker geen toiletteerwedstrijd winnen. Maar maak je geen zorgen. We hebben deze week geen tijd voor zo'n wedstrijd. We zijn alleen maar bezig met de show. Irene en ik hebben al te gekke ideeën. We willen een circusshow maken."

Tessa vindt het helemaal niet leuk dat ze op Blooper moet rijden. Zo'n lelijke pony!

Irene is blij met haar pony: Kingston. "Net als vorig jaar,"zegt ze. "Fijne pony."
Dan kijkt Irene ook op Tessa's briefje.
"Wel toepasselijk," vindt ze. "Haha, wat kan er nou nog meer mis gaan? Juffrouw de brokkenpiloot op Blooper!"
"Is hij zo wild dan?" vraagt Tessa een beetje benauwd. Ze is géén held op een pony.
"Welnee," zegt Irene. "Blooper is heel braaf met rijden. Maar op stal gedraagt hij zich vaak lomp door de jeuk. Dan schuurt hij met zijn hoofd tegen de voerbak en breekt de hele voerbak af. Dat soort dingen. O ja, en hij gaat nogal graag op je tenen staan als je hem opzadelt."
Tessa is helemaal van slag. Ike en Irene zijn zo enthousiast over hun pony's. Waarom heeft zij geen leuke pony gekregen? Hoort dit bij de pech die haar al de hele dag achtervolgt? Is zij de enige met een stomme pony op kamp?
"Wie heb jij?" vraagt Tessa aan Emma.
Emma heeft haar pony nog niet geraden. "Hier staat alleen: ondeugender hebben we hier niet," leest ze voor. "Welke pony kan dat zijn?"
"Dat is Hamar!" zegt Irene. "Dat had je kunnen weten!"
Oei, ik ben blij dat ík Hamar niet heb, denkt Tessa, terwijl ze even over haar bil wrijft. Misschien valt Blooper toch wel mee. Volgens Irene is hij braaf met rijden. Dat is Hamar vast niet. En Blooper kan in elk geval op zijn kont zitten, heeft Monja gezegd. Daar heb je wat aan in het circus!

's Avonds vertellen Ike en Irene wat hun ideeën zijn voor de show. Ze willen er een echt circus van maken.
Coco kan bijvoorbeeld steigeren en Ike kan zonder zadel rijden. Irene is niet zo'n durfal, maar ze wil de show wel op papier zetten en kostuums naaien. En natuurlijk gewoon een kür op muziek rijden. Wat kunnen de anderen? Iedereen rijdt in elk geval een kür op muziek, maar tussen de kürtjes door kan er nog een heleboel worden gedaan.

"Ik speel piano en ik kan zingen, " zegt Vera.
"Top!" zegt Ike. "Er is een piano in huis. Die mag zelfs buiten gezet worden, naast de mesthoop. Vorig jaar zat er ook een meisje in onze groep dat zichzelf op de piano begeleidde. Misschien kan Vera zorgen voor de muziek tussen de kürtjes door."
"Nou, zó goed kan ik nu ook weer niet spelen, hoor," zegt Vera. "Ik kan alleen de akkoorden spelen bij de nummers die ik thuis op papier heb."
"Dan zing je een nummer tussen de kürtjes door," zegt Irene. "Misschien kunnen we een nieuwe tekst maken op zo'n nummer. Maken we ons eigen kamplied."
"Ja gaaf, dan zingen we met de hele groep," zegt Ike. "Een slotlied over het kamp, hebben we vorig jaar ook gedaan."
Ze willen allemaal meezingen.
"Ik zit op gym," zegt Julie. "Ik kan radslagen maken door de bak. En ik kan ook een paar keer handstand overslag achter elkaar."
"Gaaf!" zegt Marit. "Dan doe je de manegefiguren als acrobaat. Misschien kan ik je ergens mee helpen. Zelf heb ik helaas nergens talent voor."
Nadia wil iets met de hondjes doen. Er zijn twee Jack Russels op de boerderij. Eén van hen, Mosje, kan heel goed over hindernissen springen.
"Monja zei dat Mosje altijd achter de longeerzweep aanrent," vertelt Nadia. "Zo kun je hem een heel parcours laten springen, met de zweep voor hem uit."
"Misschien kan ik jou ook helpen, Nadia," zegt Marit. "O, nu weet ik ineens een act voor mezelf. Naast de stal staat een grote ton. Als ik die op de zijkant op de grond leg, kan ik erop lopen terwijl hij rolt. Dat heb ik al vaker gedaan."
"Tof!" zegt Irene. "Dat wordt een echt circusnummer. "Wat kan jij, Emma?"
"Ik kan wel dansen, of toneelspelen en ik wil ook meedoen met het slotlied," zegt Emma.

"We verzinnen iets voor tussen de kürtjes door," zegt Irene. "Eén of ander gek dansje of zo. Kunnen we ook met meer meiden doen."

"Een dans op klompen!" roept Ike uit. "In de tuin staat toch dat rek met al die oude klompen van Monja? We vragen of we die mogen gebruiken bij de show!"

En dan kijken alle meisjes naar Tessa. Zij heeft nog niet gezegd wat ze tijdens de show kan laten zien. Tessa doet haar mond open om te zeggen dat ze wil dansen en zingen, net als Emma. Maar de groep roept in koor: "Tessa is de clown van het circus."

"Als clown kun je in je bil worden gebeten door Hamar en in de drinkbak vallen," lacht Ike. "Niemand kan dat zo goed als jij."

"Hahaha," zegt Tessa. "Nou, denk maar niet dat ik het allemaal nóg een keer over doe. Ik doe gewoon mee met zingen en dansen. En zelfs bij het dansen struikel ik niet meer over mijn voeten. Ik ben geen clown en ik wil het ook niet worden. Of nou ja, het maakt me eigenlijk niet zoveel uit. Ik wil best clown zijn, als dat nodig is voor het circus. Maar dan wil ik een clown zonder pech zijn. Trouwens, ik denk dat ik nu ga slapen, dan is deze pechdag snel voorbij."

Tessa kruipt in haar slaapzak en doet haar ogen dicht.

De andere meiden kletsen tot in de kleine uurtjes door, maar Tessa hoort hen al snel niet meer.

5. De eerste les

De volgende morgen worden de taken verdeeld. Tessa moet vegen: het straatje voor de hooischuur, het plein en de gang in de stal. Dat is niet zo'n zware taak voor de eerste echte ponykampdag. Brenda heeft de taken verdeeld. Ze wilde Tessa nog even sparen.
"Eerst maar eens kijken of je pech over is," had ze gezegd. "Met de andere taken loop je de kans aan een mestvork gespiest te worden. Of we zijn ineens alle borden kwijt of zoiets."
Irene heeft keukendienst. Zij moet de ontbijtboel in de vaatwasser zetten. Emma en Julie mesten de stallen uit. Vera en Marit vullen de drinkbakken buiten. Nadia en Ike hebben de zwaarste taak. Ze moeten de drollen uit het weiland rapen. Eerst de drollen van het gras afscheppen en ze dan in de kruiwagen gooien. Daarna met de zware kruiwagen naar de mesthoop en dan weer terug voor een nieuwe lading.
"Paarden mesten bijna elke twee uur," legt Brenda uit. "Dus per paard zijn er per dag zo'n elf of twaalf hopen mest te rapen. Met tien pony's en paarden in het land, die dag en nacht buiten staan, loopt dat flink op."
"Nou, fijn dan," verzucht Nadia, terwijl ze de tweede kruiwagen op de mestplaat omgooit. "Ike en ik moeten deze week twee keer drollen rapen."
"Daar worden we sterk van," lacht Ike. Ze pakt de lege kruiwagen van Nadia over en rent naar het weiland.

"Tessa, je kunt beter vegen als de anderen klaar zijn," zegt Dzanan. "Elke kruiwagen geeft weer troep op de grond. Jij kunt eerst je pony poetsen. Je zit in de eerste les. Monja gaat straks kijken of de gekozen pony's en paarden bij jullie passen."

Dzanan pakt de poetsdoos van Blooper. Ze geeft hem aan Tessa.

"Je boft dat Blooper binnen staat," zegt ze. "De anderen hebben straks veel meer te poetsen. Het land is nog flink nat, dus de paarden zitten onder de modder."

Blooper is zeker niet smerig. En omdat er niet veel eer is te behalen aan een pony zonder manen en met weinig staart, is Tessa heel snel klaar.

De stallen zijn gedaan en de mest is uit het land. Tessa kan nu gaan vegen. Brenda gaat met de andere meiden de pony's uit het land halen.

Als Tessa klaar is met haar taak, helpt Dzanan haar met optuigen.

"De volgende keer mag je zelf opzadelen," zegt Dzanan. "Alleen bij de eerste les wordt iedereen geholpen. Je hebt gezien waar Bloopers zadel en hoofdstel hangen hè? En goed uitkijken dat hij niet op je tenen gaat staan. Dat probeert hij altijd als je hem aansingelt. Doe de stijgbeugels maar hier op maat. Dan kun je daarna met Blooper naar de bak. Ik ga Nadia helpen."

Tessa trekt de beugelriem naar beneden. Ze houdt de riem langs haar gestrekte arm. De beugel komt precies tot onder haar elleboog. De maat is dus prima. Tessa steekt de beugel weer op.

Ineens doet Blooper een pas opzij, maar Tessa is snel weg met haar voet.

"Goede truc," lacht ze tegen Blooper. "Maar ik was erop verdacht!"

Ik denk dat ik geen pech meer heb vandaag, denkt Tessa opgelucht. Ze pakt Blooper bij de teugels en leidt hem de stal uit.

Brenda is in de bak om de meiden te helpen opstijgen. Ook Monja staat in de bak. Zij geeft de lessen.

Emma rijdt mee op Hamar, Vera op haar eigen pony Larco en Nadia op de schimmel Nikita. De andere vier kampers krijgen straks les.

"We gaan vandaag manegefiguren oefenen," zegt Monja, als de vier meisjes op hun pony zitten.
"Maar eerst moeten de pony's losstappen. Stap maar rustig over de hoefslag en neem de teugels niet te kort."
Na een paar minuten moeten ze één voor één een figuur noemen.
"We beginnen met Tessa," zegt Monja. "Tessa, je noemt een manegefiguur. Dan rijd je het figuur zoals je denkt dat het moet worden gereden. De anderen rijden je na. We doen eerst figuren in stap. Weet je al iets, Tessa?"
"Eh... kleine volte bij A?" vraagt Tessa.
"Prima keus," zegt Monja. "Doe maar voor."
"Netjes gedaan," zegt Monja als Tessa klaar is. "Zorg ervoor dat de tweede helft van de volte even groot is als de eerste. Houd je binnenbeen er goed bij."

Dan is Emma aan de beurt.
"Bij E door een S van hand veranderen," zegt Emma.
"Netjes gedaan allemaal," zegt Monja als alle pony's de oefening hebben gedaan. "Wie volgt?"
Vera rijdt een gebroken lijn.
Nadia wendt af bij de B.
"Dan maken we nu een overgang naar de draf," zegt Monja. "We doen weer hetzelfde als net, maar nu in draf. Tessa, jij mag een figuur noemen."
Tessa kiest voor een grote volte bij de C. Ze zorgt ervoor dat de tweede helft van de volte net zo rond is als de eerste.
"Goed gedaan," prijst Monja.
Blooper is helemaal niet zo sloom als ik dacht, denkt Tessa. Ze klopt hem op zijn hals.
"Je bent een fijne pony," zegt ze. "Je loopt lekker door en je

bent prima te sturen. Wij worden wel vriendjes deze week, hè Blooper?"

Nadia is ook blij met de keuze van haar pony. "Nikita is wel pittig, maar toch braaf," zegt ze tegen Monja als ze even rustig stappen.

Vera is natuurlijk ook tevreden, want ze rijdt op haar eigen pony.

Alleen Emma kan niet zo goed met haar pony overweg. Het lukt haar vaak niet Hamar af te laten wenden als hij achter een andere pony loopt. Hij trekt zich niets van Emma's hulpen aan.

Als Emma in galop moet, staat Hamar ineens stil. Direct daarna draait hij met zijn hoofd naar de omheining van de bak. Emma trekt aan de teugels om hem de hoefslag op te sturen. Maar Hamar gaat juist de andere kant op. Emma's gewonde knie schaaft langs een paal. Ze schreeuwt het uit van de pijn.

Monja komt snel naar Emma toe. Ze pakt Hamar bij de teugel en leidt hem weer naar de hoefslag.

"Je moet hem wel aanpakken, hoor," zegt Monja. "Duidelijk zijn in je hulpen. Als hij iets verkeerds doet, direct een tikje met de zweep geven. Anders neemt hij je in de maling."

Tessa ziet het rode hoofd van Emma en is blij dat zij niet op Hamar hoeft te rijden.

Blooper galoppeert fijn rond en Tessa kan een volte in het midden rijden. Op de lange zijde mag ze uitstrekken. De andere pony's zijn ook in galop.

Dan gebeurt er van alles tegelijk.

Hamar stopt in een hoek. Larco, die achter hem galoppeerde, sjeest bokkend weg. De pony gaat vlak langs Nikita. Nikita vlucht snel naar het midden. De singel knapt van haar zadel, zodat Nadia op de grond valt. Nikita rent bokkend rond. Vera is ook van Larco afgevallen en Larco zet het op een rennen. Hamar staat nog steeds stil in de hoek.

De assistentes komen de bak in om te helpen. Dzanan heeft Larco snel gevangen. Brenda pakt Nikita bij de teugel. Tessa heeft Blooper ingehouden toen ze het tumult achter zich hoorde. Ze kijkt verbaasd naar Nadia en Vera. De meisjes staan direct op. Vera klopt het zand van haar rijbroek af. "Alle brokkenpilootjes van vandaag mogen weer de lucht in," roept Brenda vrolijk. "Alleen voor Nikita moeten we even een andere singel zoeken." Ze vist het zadel uit het zand. "Oh, het is niet de singel, maar het zadel is stuk. Er moet een ander zadel komen." Brenda neemt Nadia en Nikita mee de bak uit.

Dzanan helpt Vera op Larco. Dan kijkt ze naar Tessa. "Hoe kan jij nog op je pony zitten?" vraagt ze. "Jij bent toch de grootste brokkenpiloot?"

"Niet meer," zegt Tessa opgelucht. "Ik zei toch dat ik het pechstokje heb doorgegeven?"

"Hartelijk bedankt Tessa," zegt Vera. "Ook namens Nadia!" Maar ze lacht er gelukkig wel bij.

6. Trakteren

Pas na een minuut of tien stappen de meisjes weer achter elkaar op de hoefslag.

"Waar waren we gebleven?" vraagt Monja. "Ik heb toch helemaal geen opdracht gegeven om te gaan rennen, te bokken of in de hoek te staan? Jullie moeten wel doen wat ik zeg, hoor!"

Brenda en Dzanan staan aan de kant te lachen. Emma lacht met hen mee. Zij is op haar pony blijven zitten, ook al is Hamar de oorzaak van de valpartij.

"Bij ons op de manege wordt er getrakteerd als iemand van zijn pony valt," zegt ze. "Hè Tessa?"

"Ja, dat is een vaste regel," zegt Tessa.

Nadia en Vera kijken elkaar aan.

"Nikita's zadel ging stuk," zegt Nadia. "Daar kan ik niets aan doen! Als het zadel was blijven liggen, was ik ook niet gevallen."

"Vallen is vallen," zegt Emma. "Het maakt niet uit hoe en waarom."

"Oké," zegt Nadia. "Ik heb een tas vol snoep bij me. Ik kan wel tien keer trakteren, ook al ben ik niet van plan nog een keer van Nikita af te vallen."

Na de tweede les, waarin alles soepel verloopt, gaan Nadia en Vera hun snoeptassen ophalen uit hun kamer. Tessa loopt met hen mee.

Als ze de kamer binnenkomen, schrikken ze zich een ongeluk. Het is één grote puinzooi.

"Oh, alle tassen liggen open," roept Vera uit.

"Bah," krijst Nadia. "Er ligt overgeefsel op mijn slaapzak!"

"Jasses!" zegt Tessa. Ze beginnen alledrie te gillen.

Brenda komt de kamer in stormen. "Wat is er nú weer?"
vraagt ze. Als ze de chaos in de kamer ziet, zegt ze: "Ik weet
al wat er gebeurd is. Iemand heeft de deur open laten staan.
We hebben toch al minstens tien keer gewaarschuwd dat de
deur dicht moet blijven? De honden hebben alle tassen
opengehaald. Getver, waar zijn de honden? Monja!!!!"
Monja komt er al aan.
"Shit," zegt ze. "Ik hoop niet dat de honden chocola gegeten
hebben. Dat is heel slecht voor ze. Waar zijn Mosje en Bibi?"
Mosje is snel gevonden. Hij ligt onder de kastanjeboom in de
tuin. Zijn buik staat strak van de vulling en hij likt
verheerlijkt zijn snoet af. Bibi staat een paar meter verder te
kokhalzen.
"Gelukkig dat honden kunnen overgeven," zegt Monja.
"Wisten jullie dat paarden dat niet kunnen? Alles wat er van
voren in komt, moet er van achteren weer uit. Daarom
moeten de voerbakken altijd dicht zijn. Ik moet er niet aan
denken dat één van de paarden jullie snoep had gevonden."
"Haha, een paard in onze kamer," lacht Tessa. "Dat zou wel
iets voor Hamar zijn. Hij is ook klein genoeg om door de deur
te kunnen."
"Roep Emma maar even, Tessa," zegt Monja. "De meiden uit
de eerste les helpen mee opruimen. De andere meiden
moeten eerst hun pony's verzorgen."

Alle slaapzakken, kussens en bedden worden uit de kamer
gesleept. Buiten worden ze nagekeken op kots en aangeplakt
snoep. Alle snoepzakken zijn vies en stuk, behalve de tas van
Tessa.
Wat een geluk dat ik mijn tas op de kast heb gelegd, denkt
ze.
Een uur later gaan ze aan tafel.
Tessa haalt haar snoeptas op. Er zitten kaneelstokken in,
daar is ze dol op.
"Omdat alleen mijn snoeptas nog heel is, trakteer ik op

kaneel... eh pechstokken," zegt ze en ze deelt uit.
"Een pechstok voor Monja, eentje voor Dzanan...."
Zo gaat ze de hele groep langs.
"Ik weet niet of ik wel een pechstok van jou wil," zegt
Brenda. "Ik vind het wel erg toevallig dat jij op je pony bent
blijven zitten. En ook dat jij de enige bent met een gave
snoeptas. Ben je een heks of zo, dat je de pech zo maar kunt
doorgeven?"
De andere meiden willen de kaneelstok wel. Ze gokken er
maar op dat de kaneelstokken niet betoverd zijn.
"Straks mogen jullie naar het dorp, naar de super," zegt
Monja, terwijl ze de macaroni opschept. "Dan kunnen jullie
een nieuwe lading snoep halen. En álle snoep wordt óp de
kast gelegd, begrepen?"

7. Circusacts

De eerste kampdag is voorbij. De maandag is druk geweest met lessen, het schoonmaken van de kamer, het kopen van snoep in het dorp en met kletsen over pony's, pony's en nog eens pony's. Pas om 12 uur lagen ze op bed. Deze keer gingen alle meiden direct slapen. Ze waren te moe om nog iets voor de show te verzinnen.

Maar vandaag is er veel werk te doen, want morgen worden de kürtjes geoefend. Iedereen moet een muziekstuk hebben uitgekozen en een proefje hebben bedacht.

Irene en Ike willen ook al iets op papier zetten voor de circusacts. Een show vraagt veel voorbereiding.

"Misschien moeten we nog iets in het dorp halen," zegt Irene. "Karton en viltstiften en zo, om decorstukken te maken."

Na het warm eten tussen de middag gaat de groep in de tuin zitten, onder de kastanjeboom. Het is erg warm. Het liefst zouden ze gaan zwemmen. Of lekker in de schaduw liggen lezen. Maar dan komt er natuurlijk geen show. Brenda en Dzanan zijn er ook bij om mee te denken.

Irene heeft papier en pen.
"Hoe gaan we het doen?" begint ze.
"Bij een circus hoort een directeur," zegt Ike. "Maar dat kunnen wij niet zijn, omdat we moeten rijden."
"Ik wil de directeur wel zijn," zegt Brenda. "Monja heeft een geschikt pak en een hoge hoed bij de verkleedspullen. Ik moet toch in de bak zijn om iedereen op zijn paard te helpen. Maar jullie moeten mijn tekst verzinnen, hoor, want het is jullie show!"
"Oké," zegt Irene. "Brenda is de directeur. Haar tekst kunnen we het beste schrijven als we alle acts hebben bedacht. Wat

31

gaat iedereen doen?"
"Ik heb al iets met Mosje geoefend," zegt Nadia. "Als we een paar balkjes achter elkaar zetten en ik ren met de zweep voor hem uit, dan springt hij er feilloos overheen. Muziek voor de act heb ik ook al. Monja heeft een bandje met circusmuziek. Tijdens de kür wil ik graag zonder zadel rijden en ook over de balken springen. Dat kan Nikita goed. Als iemand Mosje aan de lijn kan houden tijdens mijn kür, dan kan ik direct daarna met hem door. Zo is het net of de kür en de act bij elkaar horen. De kleding heb ik ook al bedacht. Ik heb een T-shirt met glitters en op mijn rijbroek kan ik ook wat glitters doen."
De hele groep is enthousiast.
"Ik houd Mosje wel vast," zegt Marit. "En als jij dan de act met Mosje doet, kan ik Nikita weer naar stal brengen, hè Nadia? Dan doe ik het nummer met de ton later."
"Oké," zegt Irene, terwijl ze druk aan het schrijven is.
"Misschien kunnen we het beste beginnen met Nadia. Is wel een leuk begin, een witte pony en een wit hondje. Dan doen we Ike als laatste, want die rijdt ook zonder zadel."

De ideeën vliegen door de lucht. Irene kan het bijna niet bijhouden. Ze maakt een heel schema met acts, muziek en tijden. Ze schrijft ook op wat er gedaan moet worden tijdens de show en wat er vóór de show moet worden geregeld of gemaakt.
Eerst komt Nadia met een kür en dan met het nummer met Mosje. Daarna doet Irene een kür op Kingston. Emma doet dan haar kür op Hamar. Vervolgens de tonnenact van Marit. Dan Tessa op Blooper met een clownsnummer.
"Blooper en ik kunnen een les voor beginners doen," zegt Tessa. "De clown, ik dus, heeft voor het eerst ponyrijles. Hij valt steeds van zijn pony af, omdat hij zo onhandig is. Blooper schrikt niet als je van hem afspringt, heeft Monja gezegd. Ik spring dan van hem af, maar doe net of ik val.

Brenda, de directeur, moet mij er dan weer ophelpen. Dan val ik er aan de andere kant weer af."

"Of je gaat achterstevoren op Blooper zitten," zegt Ike. "Dat zou een echte clown doen."

"O ja!" roept Tessa lachend uit. "Maar dat kan alleen op de blote rug van Blooper. Mag ik zonder zadel rijden?" Tessa heeft er ontzettend veel zin in.

"Ja, dat mag," zegt Dzanan. "Zolang je je cap maar op hebt."

"Een clown met een cáp?" roept Emma uit. "Dat is toch geen gezicht!"

"Het kan wel als ze een pruik over de cap draagt," zegt Dzanan. "Ik kan wel een pruik maken van strotouwtjes. Die verf ik dan oranje. O, zet dat er maar bij op het lijstje, Irene. Oranje verf."

Als Monja hen komt vertellen dat de middaglessen nu écht moeten beginnen, heeft Irene tien blaadjes volgepend. De hele show staat op papier.

"Ik leg de blocnote op de kast in onze kamer," zegt Irene. "Dan kan er niets mee gebeuren. Hier mag écht niets mee gebeuren."

Irene staat op, strekt haar stramme benen en wil dan de blocnote van de grond pakken. Maar die ligt er niet meer. Bibi heeft hem snel gepakt. Ze rent triomfantelijk door de tuin, langs de boerderij, richting het weiland.

Alle meiden rennen gillend achter Bibi aan.

Bibi vlucht met haar staart tussen de benen voor de horde weg. Ze springt over de sloot en laat de blocnote uit haar bek vallen. Het papier verdwijnt direct in de sloot vol kroos.

"Het is niet waar!" zegt Irene. "Wat een pech..."

Dan kijkt ze naar Tessa. "Het is jouw schuld!"

Tessa kijkt haar stomverbaasd aan. Wat bedoelt Irene?

"Jij hebt mij een pechstokje gegeven," zegt Irene en ze begint te giechelen.

De anderen lachen, maar Tessa lacht niet mee. Denkt Irene

echt dat het mijn schuld is dat het papier in de sloot ligt? vraagt ze zich bezorgd af. Irene lachtte er wel bij, maar toch... Ik kan er toch niets aan doen dat Bibi de blocnote heeft gepakt? Zouden de anderen ook denken dat het mijn schuld is?

Irene zit op haar knieën voor de sloot. Voorzichtig zoekt ze tussen het kroos naar de blocnote.

"Alles is vast onleesbaar," moppert ze. "Wát zonde. Ik weet niet eens meer wat we allemaal bedacht hebben."

"Ik heb alles in mijn hoofd zitten," zegt Marit. "Ik help vanavond wel met opnieuw opschrijven." Ze gaat naast Irene zitten en zoekt mee.

Julie wurmt zich tussen hen in.

"Volgens mij zie ik daar een wit puntje," zegt ze. Ze strekt haar arm uit, maar verliest haar evenwicht. Marit wankelt... en kukelt naast Julie in het water.

8. Weer een pechdag

Het is woensdag, de dag dat de kürtjes worden gemaakt. De kürs op muziek vormen de basis voor de slotshow. Daarom wordt er veel tijd genomen om ze te maken en te oefenen. Iedereen heeft cd met muziek bij Brenda ingeleverd. De proefjes staan keurig op papier. Het is nachtwerk geworden om alles op tijd klaar te krijgen.

Maar het lijkt wel of er vandaag niets goed kan gaan.

Als eerste wordt het kürtje van Nadia met Nikita geoefend. Nadia leidt Nikita de stal uit. Zodra ze op het pleintje zijn, loopt Nikita ineens kreupel.

"Breng Nikita maar terug naar haar stal, Nadia," zegt Dzanan. "Dan zadelen we haar af en kunnen we kijken wat er aan de hand is."

Brenda zegt tegen Emma: "Kun jij Hamar snel opzadelen? Dan kunnen we door met de kürtjes. We moeten er vandaag acht in elkaar zetten. Een deel van de dag kunnen we niet gebruiken omdat het zo warm is."

Binnen vijf minuten zit Emma op haar pony. Maar Hamar laat zich van zijn slechtste kant zien. Zonder andere paarden in de bak vindt hij het niet leuk. Hij blijft steeds bij de hoek van de uitgang stilstaan. Dan moet Brenda komen om hem naar de hoefslag te leiden.

"Pak hem nou eens aan," zegt Brenda nors. "Bij mij heeft hij dat soort streken niet, hoor. Je bent veel te lief voor hem. Geef hem eens een tik met de zweep. Dat heeft Monja al zo vaak gezegd."

Emma wordt boos. "Als ik hem een tik geef, begint hij te bokken," zegt ze. "Hij luistert gewoon niet naar me. Ik wil een andere pony, ik heb het echt met Hamar gehad!"

"We hebben geen andere pony voor je," zegt Brenda. "Je

35

denkt toch niet dat we een blik pony's kunnen opentrekken? Hamar is een prima pony, maar je moet hem wel de baas zijn."

Emma barst in huilen uit. Ze stapt af en laat Hamar zomaar in de hoek staan, met losse teugels. Emma rent naar de boerderij.

"Ook dat nog," verzucht Brenda. Ze roept tegen Dzanan, die net met Monja uit de stal komt: "Kun jij met Emma gaan praten? Ik ben bang dat ik wat verkeerds heb gezegd." Brenda loopt naar Hamar toe en stapt zelf op de pony. Direct verandert Hamar in de braafste pony van de wereld. En Brenda heeft niet eens een zweepje in haar hand.

Even later komen Dzanan en Emma weer naar buiten.

"Ik doe de kür van Emma wel," zegt Dzanan tegen Brenda. "Kun jij nog even met Nikita lopen? Er zat een steen in haar hoef geklemd. Monja denkt dat ze daardoor kreupel liep. Volgens haar kan Nadia straks weer rijden."

Om half één zijn ze klaar met de eerste twee kürtjes. Het is tijd voor de lunch.

"Na het eten gaan we meteen door met Vera en Larco," zegt Brenda. Het zweet staat op haar voorhoofd en haar gezicht is rood van de warmte.

"Ga jij straks maar even onder de parasol zitten," zegt Dzanan tegen haar. "Je moet een pet op zetten. Anders krijg je nog een zonnesteek."

Brenda knikt. "Het is bloedheet in de bak. Het zand weerkaatst de zon, het is net of je op het strand bent. Ik zal ook wat zonnebrand op mijn gezicht smeren."

Om half twee stapt Vera op Larco. Brenda zit onder de parasol op het terras voor de bak. Zij zorgt voor de muziek. Dzanan staat in de bak. In haar hand heeft ze het proefje dat Vera heeft gemaakt.

Tessa is naast Brenda gaan zitten. "Kan ik helpen?" vraagt ze.

"Top," zegt Brenda. "Ik zal even voordoen hoe je het met de muziek moet doen, dan kun jij het straks ook."
Tessa let goed op, maar veel kan ze nog niet van Brenda opsteken. Larco werkt helemaal niet mee. Ook hij vindt het niet prettig om in zijn eentje in de bak te lopen. Bovendien heeft hij last van insecten. Als Vera met hem heeft gedraafd, begint hij op zijn hals te zweten. De insecten komen in horden op hem af.
Er moet een pauze ingelast worden om Larco tegen de vliegen in te spuiten. De pony vindt dat helemaal niet fijn. Bijna schopt hij de spuitbus uit Dzanans hand.
"Nou, we gaan verder," zegt Dzanan als Larco van voor naar achteren bespoten is. "Brenda, zet jij de muziek weer op? We hebben alleen het intro nog maar. Dat rijd je nu uit je hoofd, Vera, en dan lees ik je proefje verder voor, oké?"

Terwijl de cd speelt, leest Dzanan van het papiertje: "Bij C op de linkerhand. H-K gebroken lijn. Bij K linksomkeert."
Het gaat even goed, maar zodra Vera bij K een volte inrijdt, gaat Larco er vandoor. Hij rent naar de uitgang van de bak en maakt daar een slipstop.
Oei, denkt Tessa. Dat ging snel!
Vera hangt om de hals van haar pony. Maar omdat Larco stilstaat, zit ze in een tel weer normaal in het zadel.
"Ik weet niet wat er in die hoek is," zegt Vera beduusd. "Ik heb niets gezien of gehoord, maar hij schrok ergens van."
"Dat zal het kampspook zijn geweest," zegt Brenda. "Wij zien het spook nooit, maar elke week is er een pony die er last van heeft. Nou, gaan jullie maar snel door, want we zijn nog lang niet klaar."

Tessa kijkt op haar horloge. Het is al half drie, maar Dzanan en Vera zijn nog geen steek verder. Larco gaat er steeds op dezelfde plek vandoor. Dan moeten ze weer opnieuw beginnen.

"Ik verander het proefje wel," zegt Dzanan uiteindelijk. Met de rug van haar hand veegt ze het zweet van haar voorhoofd. Dan begint ze te schrappen in Vera's proefje. "Ik maak hem zo dat Larco niet meer in die hoek komt, oké?"
"Je moet eens even in de spiegel kijken, Dzanan," roept Brenda van onder de parasol. Brenda ziet er weer ontspannen uit.
Dzanan kan niet eens meer lachen. "Zeker zwarte vegen hè?" roept ze met schorre stem. "Ik hoef niet eens in de spiegel te kijken om te weten hoe ik eruit zie." Dzanan veegt nog een keer met haar hand over haar gezicht en lijkt nu op een mijnwerker.
"Kun jij wat ijsthee voor Dzanan halen?" vraagt Brenda aan Tessa. "Straks is ze ook nog haar stem kwijt."
Na Vera is Ike aan de beurt op Coco. Dzanan en Brenda wisselen van plaats.
"Ik doe de muziek wel," zegt Tessa. "Wanneer denk je dat ik Blooper kan opzadelen?"
"Als Ike aan het uitstappen is," zegt Dzanan. "Maar dat is pas als het kürtje af is."
In één keer slaat Dzanan een glas ijsthee naar binnen. "Ik ben wel vijf liter vocht kwijtgeraakt," zegt ze, terwijl ze puffend gaan zitten. "Ik hoop dat ik nu even kan bijkomen."
Maar al bij het opstijgen valt Ike van Coco af als hij zonder reden begint te steigeren.
"Wat een pechdag," roept Brenda uit. Ze helpt Ike weer op Coco. "Ga maar snel draven," zegt Brenda tegen Ike. "Als hij draaft, komt hij niet omhoog. Ik hoop dat hij straks wel wil steigeren als het in het proefje moet!"

Om zes uur zitten ze aan tafel. Brenda en Dzanan zijn doodmoe. Dzanan heeft net een aspirientje genomen tegen de hoofdpijn.
Monja heeft brood en beleg neergezet voor de groep. Ze maakt nu een salade klaar voor haar man en haarzelf. John

moet nog van zijn werk komen. Tessa heeft hem nog maar weinig gezien deze week. Als Monja en hij gaan eten, is de groep alweer buiten.

"Ik maak ook een salade voor jullie," zegt Monja tegen Brenda en Dzanan. "Daar knappen jullie misschien van op." Tegen de groep zegt ze: "Sorry jongens, ik heb niet genoeg voor allemaal. Jullie hebben al warm eten gehad."

De sfeer aan tafel is om te snijden.

Tessa bijt in haar boterham met pindakaas. Alleen mijn kürtje was snel af, denkt ze. Maar ze zegt het maar niet. Ze is bang dat ze de schuld krijgt van de pech van de andere meisjes. Verscholen achter haar boterham kijkt Tessa in het rond.

Vera heeft duidelijk de pest in en Emma kijkt heel nors. Zelfs Ike is niet zo vrolijk als anders.

Brenda verbreekt de stilte. "Misschien kunnen we deze week beter geen show rijden," zegt ze. "Het lukt gewoon niet. Het is té warm en iedereen is té nerveus. Volgens mij gaan de paarden zich daardoor raar gedragen."

"Het is allemaal maar net goed gegaan," zegt Dzanan. "Als we doorgaan, gebeuren er nog meer ongelukken. We moeten vandaag nóg drie kürtjes in elkaar zetten. Dat lukt nooit!"

Irene, Marit en Julie, die nog niet aan de beurt zijn geweest, kijken teleurgesteld.

"Mijn kürtje zit zo in elkaar, hoor," belooft Irene. "Ik heb hem net zonder pony in de bak gelopen. Volgens mij zijn er geen problemen. En Kingston is een echte showpony. Hij vindt het geweldig als hij alleen door de bak kan tuffen."

"Ik heb vandaag nog helemaal niet gereden," klaagt Marit. "Wat is nou een dag ponykamp zonder rijden?"

"Ik hoef niet meer te rijden," zegt Julie. "Ik heb pijn in mijn hoofd van de hitte. Laten we eens vroeg naar bed gaan of zo. Dit is gewoon een nieuwe pechdag."

Ineens kijken ze allemaal naar Tessa.

Tessa maakt zich zo klein mogelijk.

Het kan toch niet waar zijn, denkt ze geschrokken. Ik krijg écht de schuld van alle pech.

9. De show moet doorgaan

Na het eten neemt Monja de meiden mee naar de stallen.
Irene, Marit en Julie krijgen een gewone les. Brenda kruipt
achter de tv en Dzanan verdwijnt in de badkamer.
Tessa is aan tafel blijven zitten.
Ze vinden dus allemaal dat ik de schuld ben van alle pech,
denkt ze. Als ik er niet was geweest, zou de show wel
doorgaan. Ik wilde dat ik nooit op ponykamp was gekomen.
Was ik maar thuis!
Ineens staat Tessa op. Ik ga hier weg, denkt ze. Dan kunnen
de anderen verder met de show.
Tessa sluipt het huis uit. Ze hoort de meiden in de stal
lachen.
Tessa barst in huilen uit. Zie je dat ze wel lol hebben als ik er
niet bij ben? denkt ze. Er is niemand die mij mist. Snikkend
loopt Tessa het pad af. Aan het einde van het pad steekt ze
de straat over. Als ze aan de overkant is, ziet ze de auto van
John achter zich het pad oprijden. Monja zal wel blij zijn dat
hij er is, denkt Tessa. Vandaag is hij later dan anders.

Een paar minuten later heeft Tessa het dorp bereikt. Ze loopt
langs de kerk en dan langs de super. Pechstokjes te koop,
denkt Tessa verdrietig. Had ik dat woord maar nooit
bedacht. Was mijn snoepzak ook maar door de hondjes
opgegeten. Was ik ook maar van Blooper afgevallen.
Het is stil op straat. De mensen zitten in hun tuin van de
mooie avond te genieten.
Tessa loopt huilend door. Ze weet niet eens waar ze heen
gaat. Dan ziet ze ineens een bushalte. Ik ga met de bus naar
huis, besluit ze. Ze voelt in haar zak. Ja, ze heeft haar geld bij

zich.

Tessa zoekt een bord met de tijden waarop de bus rijdt. Zo'n bord staat er niet. Ze gaat in het bushokje zitten en wacht... en wacht. Na een half uur vraagt ze zich af of er nog wel een bus zal komen.

Ik blijf nog een kwartier wachten, denkt ze. Als er geen bus komt, moet ik iets anders verzinnen. Dom dat ik mijn mobieltje op de kampkamer heb laten liggen. Het liefste zou ze haar moeder even spreken. Misschien willen papa en mama haar wel komen halen.

Ineens ziet Tessa in de verte een bus aankomen. Ze staat snel op en steekt haar hand uit. De bus moet wél stoppen. Net voordat de bus bij de halte is, wordt hij ingehaald. Een auto stopt met gierende remmen. Het is Brenda die uit de auto springt en naar Tessa toe rent.

"Waar ben jij mee bezig?" zegt Brenda. "We waren allemaal zo ongerust toen John zei dat hij jou naar het dorp zag lopen. We hebben ons een ongeluk naar je gezocht!"

De bus wil bij de halte stoppen, maar Brenda wenkt dat hij kan doorrijden. De buschauffeur haalt zijn schouders op en rijdt door.

"Ik wihil naar huhuis," huilt Tessa.

"Hm," zegt Brenda en dan tilt ze Tessa's kin op en kijkt haar recht in de ogen. "Echt iets voor een meisje van tien om te huilen en naar huis te willen bij problemen. Je moest en zou toch voor twaalf doorgaan om naar dit kamp te kunnen? Emma heeft net verteld dat je pas tien bent, zoals ik al had gedacht. Nou, je hebt het hele kamp voor de gek gehouden."|

Tessa slaat haar ogen neer. Brenda heeft gelijk, denkt ze. Ik ben te jong voor dit kamp. Daar komen de problemen door!

"Als ik naar huis ga, zijn alle problemen toch opgelost?" zegt Tessa.

Brenda schudt haar hoofd. "Je denkt toch niet dat de andere meiden een leuk kamp hebben als jij weg bent? Ze voelen zich schuldig omdat ze je hebben geplaagd met die stomme pechstokjes. Het waren gewoon grapjes, hoor! Nu ze weten dat je pas tien bent, maken ze zich vreselijk ongerust. Ze zijn bang dat je een ongeluk krijgt of zoiets. Ze hebben echt geloofd dat je al twaalf jaar was. Wees nou ook zo groot om het kamp niet voor de groep te verpesten."

"Komen jullie in de auto? Ik wil eten," roept John vanachter het stuur.

Tessa laat zich overhalen. Ze stapt in de auto.

"Deze bus ging trouwens de verkeerde kant op," lacht Brenda als ze onderweg zijn. "Als je was ingestapt, was je nóg verder van huis geweest!"

Tessa wordt feestelijk onthaald op de boerderij.

"Ik zijn zó blij dat je terecht bent," zegt Irene. "Sorry van mijn stomme grapjes over de pechstokjes."

"Ik had écht niet gedacht dat je zo jong was," zegt Vera. "Je hóórt gewoon bij de groep. Zonder jou is er niets aan."

"Het spijt me dat ik je leeftijd moest verraden," fluistert Emma in Tessa's oor. "Maar ik werd echt aan een soort kruisverhoor onderworpen. Jeetje, wat ben ik blij dat ik je zie!"

"We gaan morgen verder met de show," zegt Monja. "De problemen van vandaag moeten we maar snel vergeten. Het was warm voor de paarden. Dzanan en Brenda moesten de hele dag in de brandende zon staan. Iedereen is moe door een gebrek aan slaap. Kortom, het was geen fijne dag. Maar er is geen sprake van dat de show niet door zal gaan. Dat is nog nooit gebeurd sinds ik kampen houd. En over de pech die jullie lijkt te achtervolgen... Waar met dieren wordt gewerkt, gebeuren soms rare dingen. Als er problemen zijn, dan moeten die worden opgelost. Ze moeten niet groter worden gemaakt met rare verhalen over pechstokjes."

10. Circus in de lucht

Het is vrijdagmiddag. Over twee uur begint de show.
Vanmorgen hebben ze de show in zijn geheel geoefend. Het
ging boven verwachting goed.
"Hm, een generale kan beter mislukken," had Brenda na
afloop gezegd. "Als de generale slecht gaat, loopt de show als
een trein. Dat zeggen ze toch bij het toneel?"
"Houd op met dat doemdenken," had Monja gezegd. "De
show van vanavond wordt tóp!"
Dzanan helpt de meiden met hun kapsels.
Brenda maakt Tessa op. Ze is een clown, dus ze krijgt witte
wangen, een grote rode mond en lachstreepjes om haar
ogen.

Tussen het opmaken door, kijkt Brenda steeds even zorgelijk
naar buiten. De hele week is het fantastisch weer geweest.
Maar nu is de lucht erg donker. Brenda heeft op de radar op
internet gezien dat er een onweersgebied overtrekt. Ze
hebben de radio aangezet. Er wordt melding gemaakt van
slecht weer in Drenthe. Onweer en zware windstoten. In een
paar dorpen zijn de kelders zelfs ondergelopen.
Monja's gezicht staat ook bedrukt als ze binnenkomt. "Ik ben
bang dat het zo gaat losbarsten," zegt ze. "De paarden staan
op stal. Ik heb alle tafels, stoelen en parasols binnen gehaald.
Jullie weten dat de show niet doorgaat met onweer, hè? Wat
jammer nou. In al die jaren is dit nog nooit gebeurd. Wel wat
regen natuurlijk, maar dat is geen probleem. Onweer is echt
gevaarlijk!"

Ze kijken allemaal naar buiten. De eerste druppels spetteren
al tegen het raam. En dan ineens stort het van de regen. Ze
zien lichtflitsen, gevolgd door knetterende donderslagen.

Brenda stopt met het opmaken van Tessa. Ze gaat voor het raam staan kijken. "Circus in de lucht," zegt ze. "Op de radar is het maar een kleine, felle storing. Met een beetje geluk trekt de bui snel over."

Ze hébben geluk en tien minuten later is het al opgeklaard.

Brenda gaat buiten naar de lucht kijken.

"Ik denk dat het wel droog blijft," zegt ze als ze terug is. "Maar de bak is om te huilen. Wat een plassen! Daar kunnen jullie echt niet in rijden. Zeker geen show!"

Ze staan met de hele groep voor de bak.

Oh, wat erg, denkt Tessa. Het grootste deel van de bak staat onder water.

"Ik kan hier wel eenden gaan kweken," zegt Monja. "We hebben geen bak meer, maar een vijver."

"Hé, daar springt een kikker," zegt Dzanan. Ze wil de groep aan het lachen maken, maar dat lukt niet.

"We kunnen toch wel íets doen?" zegt Ike. "Vorig jaar hebben we ook sleuven moeten graven om water af te voeren. Dat kunnen we nu toch ook doen?"

"Het kán wel," zegt Monja. "Maar dat kost veel tijd en zoveel tijd hebben we niet. Over ruim een uur komen jullie ouders. We kunnen de show geen uren uitstellen. Jullie moeten ook nog naar huis vanavond."

Ike knikt. De andere meisjes staren roerloos naar de waterpartij.

"Hoe kan er nu in tien minuten zoveel water uit de lucht komen?" zegt Irene teleurgesteld. "Zijn we daar nu een week voor bezig geweest?"

Ineens gaat Brenda voor de groep staan. Ze roept uit: "We gaan aan de slag. Kom meiden, de actie drooglegging van de bak begint! Irene en Ike, jullie gaan sleuven graven. De anderen komen met mij mee. We leggen tuinslangen van de plassen naar de sloot. We zuigen het water weg!"

"Ik pak de waterpomp," zegt Monja. Ze is aangestoken door Brenda's enthousiasme. "Laat de grote plassen maar aan mij over."

Even later zijn Ike en Irene druk aan het scheppen. De waterpomp bromt. Tessa en Emma krijgen een dikke slang van Brenda.

"Eén van jullie moet aan de slang zuigen totdat er water uitkomt. Daarna kun je hem over de rand hangen. Dan blijft het water lopen," legt Brenda uit. Ze rent direct weer weg om de Marit en Nadia hetzelfde te vertellen.

"Jij mag zuigen," zegt Emma met een vies gezicht. Ze geeft Tessa de slang aan. "Weet je wel hoe vies de bak is? De paarden plassen en poepen erin!"

"De poep wordt toch altijd uit de bak gehaald?" zegt Tessa. "Valt best mee. Nou, ik doe een poging."

Ze zuigt aan de slang, zuigt, zuigt nog harder, maar er komt geen water uit.

"Wacht, de andere kant moet onder water liggen," zegt Emma. Ze loopt naar de andere kant van de slang.

Tessa zuigt weer. Ineens komt er een grote slok water in haar mond. Tessa spuugt het water uit. Ze hangt de slang snel over de rand. Het water blijft uit de slang lopen!

Een uur uur later is de bak redelijk droog. "Ik denk dat we in deze bak de show wel kunnen doen. Maar dan rijden we de pony's niet los. Anders wordt de bak te zwaar," zegt Monja. Dan slaat ze haar hand voor haar mond: "O jee, wat zien jullie eruit!" De eerste auto van de ouders komt het erf oprijden.

"Jullie moeten heel snel onder de douche!" roept Brenda. "Allemaal tegelijk en elkaar helpen!"

Ze stormen naar de kampkamer en kleden zich snel uit. Ike zet de douche aan. Eén voor één springen ze eronder. Ike helpt met een spons. Daarna snel afdrogen en aankleden. Dzanan staat al klaar met de kleding en make-up. Brenda poetst de pony's.

De ouders worden ontvangen door Monja en haar man. Op vrijdag komt John altijd vroeger van zijn werk. Hij wil de show ook zien.

Sommige ouders zijn verlaat door het onweer. Maar als de laatste auto er is, zijn ze klaar voor de show!

Brenda gaat in haar zwarte pak met hoge hoed voor het publiek staan. Ze knalt met haar zweep en zegt: "Vaders en moeders, broers en zusjes, familie en vrienden. Ik heet jullie als circusdirecteur van harte welkom bij de show. We werden al aangekondigd door de bliksem en de donder..."

"Waar is Mosje?" vraagt Nadia nerveus. Ze leidt haar pony de stal uit.

"Marit staat buiten met Mosje aan de riem," zegt Irene. "Ike en Dzanan pakken de balken al. Ga maar naar buiten, Nadia. Toi toi toi."

Snel schuift Tessa de staldeur voor Nadia en Nikita open. Dan loopt ze naar de kast om het zadel van Kingston te pakken. Irene moet zometeen rijden en Tessa zelf pas later. Alle taken zijn goed verdeeld.

Het publiek klapt enthousiast voor Nadia en Mosje. Dan zijn Irene en Kingston aan de beurt.

Dzanan heeft de make-updoos op een plank gezet. "Kom eens hier, Tessa," zegt ze. "We moeten wel een echte clown van je maken. Voor de tweede keer vandaag!"

Emma gaat met Hamar naar buiten. De show vliegt voorbij! Als Dzanan de laatste streep om Tessa's ogen heeft gezet, is zij al aan de beurt met Blooper.

Blooper heeft een rood petje op zijn hoofd. Hij draagt een rode deken om met de tekst: Pony voor brokkenpiloten.

Tessa hoort haar moeder lachen als ze de bak in komt. Een goed teken!

"Dit is de eerste ponyles van onze clown," zegt Brenda tegen het publiek. "Onze clown wil namelijk geen clown meer zijn. Niemand lacht om hem. Er wordt niet meer voor hem geklapt. Daarom wil hij een ander beroep. Ik help onze clown even op zijn pony."

Brenda maakt van haar handen een soort stijgbeugel. Tessa stapt in Brenda's handen. Dan slaat ze haar been over Bloopers rug en laat zich aan de andere kant naar beneden vallen.

"Au au," roept ze heel overdreven.

Het publiek lacht en begint te klappen. Tessa staat op, kijkt met grote ogen naar het publiek en zegt tegen Brenda: "Directeur, waarom klappen de mensen?"

"Omdat je zo goed kunt opstijgen, nou goed?" zegt Brenda.

"Ze lachen niet om je, ze lachen je uit! Nou, probeer het nog een keer en nu goed!"

Deze keer slaat Tessa haar been half over Blooper heen. Ze glijdt over zijn kont naar beneden. Weer wordt er gelachen en geklapt. Daarna zit Tessa achterstevoren op Blooper. Ze rijdt een rondje in draf, terwijl Brenda met de pony meeloopt. "Jeetje, wat is het zwaar lopen," zegt Brenda, als ze uit het gehoor van het publiek zijn. "Maar het gaat wel goed hè?"

"Het is een supershow!" zegt Tessa.

De voorstelling is veel te snel afgelopen naar Tessa's zin. Bij de parade staan alle ouders op. Ze blijven klappen totdat de laatste pony uit de bak is.

En dan is het ineens tijd om afscheid te nemen. De pony's zijn verzorgd. Alle kleding is ingepakt. Adressen zijn uitgewisseld. De ouders staan ongeduldig bij de auto's te wachten tot hun dochters komen. Ze willen naar huis!

Als Tessa de auto in stapt, komt Brenda er snel aan.

"Hier," zegt ze. Ze geeft Tessa een pakje. "Die kun je lekker in de auto opeten. Pech... eh nee, kaneelstokjes. Daar ben je toch zo dol op?"

"Nee, eh ja, toch wel," lacht Tessa. "Bedankt en tot volgend jaar, hè?"

Brenda kijkt heel streng. "Eh... tot volgend jaar?"

Tessa schrikt en slaat haar hand voor haar mond. "O jee, ik was mijn leeftijd vergeten. Volgend jaar ben ik pas elf. Ik mag zeker pas terugkomen als ik twaalf ben?"

"Grapje!" roept Brenda. "Schrijf maar gewoon op je formulier dat je twaalf bent... voor de tweede keer. Tot volgend jaar. Goede reis!"

Inhoud
Puzzel in je hoofd

1. Een deken voor
Menckel

Vanuit de verte ziet Bente de start van de puzzelrit al. Er is een mooie plaats voor uitgekozen, vlak bij een prachtig kasteel. Overal lopen paarden en pony's met fleurig gekleurde ruiters op hun ruggen. Een paar vlaggen wapperen vrolijk in de wind. Auto's met trailers staan tussen de bomen en aan de weg geparkeerd. Bente hoefde niet met de trailer naar de puzzelrit te komen. Haar pony Menckel staat bij een boer midden in het bos. Ze heeft er een halfuurtje over gedaan om hiernaartoe te komen stappen. Ze kent de weg in het bos op haar duimpje.

Ze rijdt wel vaker naar het kasteel, samen met haar vriendin Marlotte. Dan spelen ze dat ze gevangen zijn genomen door de woeste kasteelheer maar dat ze hebben weten te ontsnappen. Dat ze hun pony's hebben gefloten. Die zijn heel snel aan komen galopperen en nu moeten ze maken dat ze wegkomen, voordat de kasteelheer met zijn soldaten achter hen aan komt. Dan racen ze zo hard mogelijk naar huis. De pony's vinden het net zo prachtig als Bente en Marlotte.

Menckel begint luid te hinniken als hij zoveel soortgenoten ziet. Hij krijgt van alle kanten antwoord en raakt daar opgewonden van. Met zijn hoofd fier omhoog danst hij over het pad. Bente probeert Menckel te kalmeren. Ze aait hem over zijn hals en kriebelt hem op zijn schoft.
Aan zijn oren te zien is Menckels aandacht weer op haar gericht. Al heeft Bente haar pony pas een halfjaar, het lijkt of ze hem al haar hele leven kent, zo vertrouwd is hij haar. Het was liefde op het eerste gezicht. Bente vond Menckel direct de mooiste pony die ze ooit had gezien. In de zon had hij een

glanzend gouden vacht met lange, spierwitte manen en een golvende, witte staart. Toen ze hem net had gekregen, kon ze lang in het weiland naar hem zitten kijken. Hoe hij graasde, speelde, rolde en holde. Steeds vaker kwam hij bij haar staan om aan haar te snuffelen. En na een paar weken hinnikte hij al als hij haar zag. Hij wist toen dat ze bij elkaar hoorden. Bente heeft altijd van een eigen pony gedroomd. Vanaf haar eerste les op de manege. Met Menckel is haar droom echt uitgekomen.

Op een caravan tussen de bomen staat met grote letters SECRETARIAAT, HIER MELDEN. Bente wordt een beetje zenuwachtig. Ze is hier alleen met Menckel. Hoe moet ze zich melden? Kan ze iemand vragen Menckel voor haar vast te houden? Ze kent hier niemand, ze is pas een maand lid van de club. Ze heeft er ineens spijt van dat ze is gegaan. Ze zou samen met Marlotte aan de puzzelrit meedoen. De rit wordt elk jaar georganiseerd door de ponyclub om het nieuwe jaar te vieren. Marlotte heeft vorig jaar ook aan de rit meegedaan en vond het erg leuk. Ze heeft Bente gevraagd dit jaar mee te doen.
"We rijden in groepjes van vier," heeft ze gezegd. "De club koppelt ons aan een ander paar. Zo leer je gelijk andere kinderen kennen."
Maar twee dagen geleden is Marlotte ziek geworden. Niets ernstigs hoor, een griepje. Maar met koorts kun je niet rijden.
Bente moest toen beslissen of ze wel of niet in haar eentje ging. Voor de ponyclub was het geen probleem.
Ze hadden wel een vervanger voor Marlotte.
Bente heeft er lang over nagedacht. Ze vond er eerst niets aan om zonder Marlotte te gaan. Ze hadden zich er samen zo op verheugd. En Bente vond het maar eng om met een paar vreemde kinderen op stap te gaan.
Aan de andere kant: er is wel een echte prijs te winnen. Alle

deelnemers uit de winnende groep krijgen voor vijfentwintig euro aan waardebonnen van de ruitershop in het dorp. Zo'n waardebon wil Bente graag winnen. Dan kan ze een deken voor Menckel kopen.

Bente is al een tijd aan het sparen voor een winterdeken. Een paar maanden geleden is Menckel erg verkouden geweest. Ze hadden lekker in het bos gereden en toen was Menckel behoorlijk gaan zweten. Daarna moest hij weer terug in het weiland. Bente had wel een uur met hem gestapt voordat ze hem in het land zette, maar helemaal droog kreeg ze hem niet. En toen was het ook nog flink gaan regenen. De boer zei toen dat ze Menckel het beste een deken kon opdoen na het rijden. Marlottes pony heeft ook een deken. Hij was niet ziek geworden. Maar dekens zijn erg duur en Bentes ouders vonden dat ze al genoeg betaalden aan de pony. Ze zeiden dat Bente dan maar niet moest rijden als het koud is. Want hoe vaak is het nou koud in Nederland? Maar Bente wil wel een deken voor Menckel. Niet alleen om te kunnen blijven rijden in de winter. Maar ook voor als Menckel weer ziek wordt.

Bente heeft geld verdiend met klusjes voor haar ouders en de buren. Ze heeft auto's gewassen en gras gemaaid en stoepen geveegd. En al het geld dat ze voor haar rapporten en haar verjaardag heeft gekregen, heeft ze ook weggelegd. In haar spaarpot zit al bijna vijftig euro. Maar ze moet er nog wel vijfentwintig bij hebben om een echte mooie winterdeken te kopen. Omdat ze die kan verdienen met de puzzelrit, heeft Bente besloten toch te gaan. En ook omdat ze erg van puzzelen houdt. Als de invaller voor Marlotte nu ook maar een goede puzzelaar is!

2. De klos

Bente stijgt voor de caravan af en kijkt om zich heen. Ze kan Menckel moeilijk aan een boom vastbinden. Hoe moet ze zich inschrijven?
"Kom maar even hier, dan houd ik je pony vast." Bente wordt gewenkt door een vrouw. Ze draagt een bodywarmer met de tekst 'Ponyclub De Kasteelruiters' op de rug. Gelukkig, iemand van de organisatie, denkt Bente en ze loopt naar de vrouw toe.
"Ik ben hier alleen, want mijn vriendin Marlotte is ziek," zegt ze.
"Dan moet jij Bente zijn," zegt de vrouw. "Ik ben Tiny De Jager. Het geeft niets hoor, dat je alleen bent. Ik houd je pony wel even vast, dan kun jij je binnen gaan melden. Bij het secretariaat weten ze welke andere kinderen er in je groep zitten."

In de caravan moet Bente even wachten op andere inschrijvers. Vier meiden, die elkaar al langer lijken te kennen, nemen giechelend het deelnameformulier in ontvangst.
"O, het zijn andere vragen dan vorig jaar," zegt de een.
"Wat had je dan gedacht?" zegt een ander.
"Nou, dat het dezelfde vragen waren. Ik heb het formulier van vorig jaar speciaal bewaard. Ik ken alle antwoorden uit mijn hoofd. Nu moeten we echt puzzelen voor de eerste prijs en ik ben zo slecht met puzzels. Hè wat jammer, ik dacht dat ik mijn nieuwe hoofdstel al in mijn zak had!"
Gelukkig maar dat er andere vragen zijn, denkt Bente. Dan hebben we allemaal dezelfde kans om de waardebonnen te winnen.
Bente krijgt haar deelnameformulier van de man van het

secretariaat.

"We hebben jou gekoppeld aan Simon Fagel," zegt hij. "Dat is de zoon van de eigenaar van de ruitershop die onze rit sponsort."

Moet ze samen met een jongen rijden? Bente weet niet of ze dat wel zo leuk vindt.

"En de anderen uit mijn groepje?" vraagt ze. Ze hoopt niet dat ze bij drie jongens is ingedeeld.

De man bladert door zijn papieren.

"En verder zitten in je groepje... even kijken, o ja, hier heb ik ze al, Eefke en Jennifer. Simon moet er zijn, die heeft zich al ingeschreven. Eefke en Jennifer zijn hier nog niet geweest. Maar als jullie compleet zijn, mogen jullie starten."

Gelukkig, denkt Bente. De anderen zijn meisjes. Ze loopt naar buiten en kijkt in het rond. Hoe herkent ze die Simon?

Mevrouw De Jager helpt haar verder.

"Zie je die grote trailer daar met dat dressuurpaard er op afgebeeld? Die is van de ruitershop. Simons pony staat aan de trailer vastgebonden. Ga daar maar naartoe."

Bente loopt met Menckel naar de trailer. Onderweg stopt ze even om haar windjack dicht te ritsen en de kraag van haar jas op te zetten. Ook al geven de bomen beschutting, het is toch behoorlijk koud. Er waait een gure wind en er valt wat natte sneeuw.

"Wat een rotweer," hoort Bente zeggen. Ze ziet een jongen uit de trailer van de ruitershop komen. Dat moet Simon zijn. Hij kijkt erg ontevreden.

Zijn moeder geeft hem een das en een paar handschoenen aan.

"Het is niet anders," zegt ze. "Met nieuwjaarsdag kun je geen hittegolf verwachten."

"Ik ga echt niet in de sneeuw rijden, hoor. Ik heb helemaal geen zin in die stomme puzzelrit. Ik zou vandaag toch in de manege rijden om te oefenen voor de wedstrijd van volgende week?"

Zijn moeder zucht.

"Je vader heeft jullie als invallers opgegeven, dat wisten jullie al een paar weken geleden. Jullie vonden het toch een leuk idee?"

Driftig schudt de jongen zijn hoofd.

"Echt niet, ik niet, hoor. Alleen Sanne wilde wel. Ik snap niet waarom papa mij heeft opgegeven. Hij heeft mij niets gevraagd."

Zijn moeder haalt spijtig haar schouders op.

"Hij heeft ook niet gedacht dat je mee zou hoeven doen," zegt ze. 'Er is nog nooit een invaller nodig geweest, heeft mevrouw De Jager gezegd."

Simon stampt met zijn voet op de grond.

"Maar ik ben wel de klos. Nu Sanne ziek is, moet ik invallen voor die Marlotte."

Bente kucht en Simons moeder komt direct naar haar toe.

"Jij moet Bente zijn," zegt ze opgewekt. "Ik hoorde dat je een Haflinger had. Wat een leuke pony. Simon en jij rijden samen. Simon, dit is Bente."

"Hoi," zegt Simon kortaf. Hij kijkt Bente niet eens aan.

"Wil je een beker warme chocolademelk?" vraagt zijn moeder. "Ik heb een volle thermosfles in de auto. Heb je het ook zo koud?"

"Valt wel mee," zegt Bente, maar ze neemt de dampende kop wel dankbaar aan.

Simon gaat met zijn beker op de achterbank van hun auto zitten. Hij gooit de deur dicht en keert zijn rug naar het raam alsof hij niets met Bente te maken wil hebben. Bente voelt zich erg ongemakkelijk. Ik kan er toch niets aan doen dat het koud en nat is, denkt ze. Of dat zijn vader hem als invaller heeft opgegeven? Ik had ook veel liever met Marlotte gereden.

Ineens bedenkt ze iets anders.

Als Simon geen zin heeft in de puzzelrit, hoe moeten ze dan samen de puzzels oplossen? Was Marlotte maar niet ziek geworden. Of Sanne, want Simons zusje had er in elk geval wel zin in. Ik hoop dat de andere meisjes uit onze groep er wel zin in hebben, denkt Bente. Anders hoeven we er niet eens aan te beginnen.

Even later worden Bente en Simon geroepen door Tiny De Jager.
"Eefke en Jennifer zijn er," zegt ze. "Kom maar even met me mee, dan stel ik ze aan jullie voor."
Bente is benieuwd. Wat zullen het voor meisjes zijn?
"Bente, dit is Eefke."
"Hallo," zegt Bente verlegen.
Eefke is ouder dan Bente en ook veel groter en steviger. Ze heeft rode wangen van de kou.
"Hoi," zegt ze en ze knikt even.
"En ik ben Jennifer," zegt het meisje naast Eefke. Jennifer is lang en mager. Ze houdt haar hoofd wat vreemd omhoog als ze Bente aankijkt.
"Jennifer kan niet zo goed zien," zegt haar moeder, die achter haar staat. "Dit is de eerste keer dat ze aan de puzzelrit meedoet. Ik hoop dat jullie allemaal een beetje op haar willen passen."
"Natuurlijk mevrouw," zegt Bente meteen. Wat erg om slecht te kunnen zien, denkt ze geschokt. Hoe kun je dan ponyrijden?
"Over vijf minuten mogen jullie starten," zegt Tiny De Jager.

Bente kan gelijk opstijgen. Ze heeft Menckel aan de hand meegenomen. Simon loopt weg om zijn pony te halen.
Jennifers moeder helpt haar dochter.
"Zit je cap goed?" vraagt ze. "Je cap is van levensbelang, hoor. Goed uitkijken voor takken. Bente, wil jij haar ook waarschuwen voor uitstekende takken?"

"Ja, natuurlijk," zegt Bente. Vanaf haar pony ziet ze hoe Jennifer geholpen wordt bij het opstijgen. Ze is nogal stijf. Bente weet niet wat ze van het meisje moet denken. Ze heeft natuurlijk bewondering voor Jennifer. Meedoen met een puzzelrit, terwijl je zo'n handicap hebt! Maar ze is ook teleurgesteld. Hoe kan ze ooit de eerste prijs winnen met Simon en Jennifer in de groep?

3. Doorgestoken kaart?

Een paar minuten later zijn ze op weg. Het is opgehouden met sneeuwen en er breekt zelfs een waterig zonnetje door. Eefke leest de instructies van het deelnemersformulier voor. Dat doet ze natuurlijk voor Jennifer, denkt Bente. Die kan niet lezen. Zelf heeft ze ook het formulier in haar hand en ze leest met Eefke mee.

"Als er geen vragen zijn, volg dan het ruiterpad,'" zegt Eefke. Ze klinkt precies als Bentes schooljuffrouw.

"Raak je de weg kwijt, ga dan terug naar het laatste kruispunt waarvan je zeker weet dat je nog wel goed ging en bekijk de aanwijzingen opnieuw."

Simon steekt het formulier met een verveeld gezicht in zijn zak.

"Blablabla," zegt hij. "Lees de eerste vraag nou maar voor, dan weten we tenminste hoe we moeten rijden."

"Oké," zegt Eefke en ze leest voor: "Ga langs het kasteel rechtdoor tot je links het ruiterpad op kunt. Volg het pad over het spoor, daar vind je een splitsing. Ga je hier links of rechts? En dan is er een puzzelvraag."

"Welke vraag?" vraagt Jennifer.

"Mag ik hem voorlezen?" vraagt Bente gretig.

Eefke knikt onverschillig.

Bente leest voor: "Koliek is a. een onderdeel van het zadel, ga rechts; b. een verstopping in de darmen bij paarden, ga links.' Ze weet direct het antwoord. Als ze allemaal van dit soort vragen krijgt, kan ze de puzzelrit zelfs in haar eentje tot een goed einde brengen.

Opgetogen roept ze uit: "Ik weet het al, mag ik het zeggen? We moeten over het spoor linksaf."

"Dat wist ik ook wel, hoor," zegt Eefke. "Iedereen weet toch zeker wat koliek is?"

"Zo kan ik nooit een antwoord geven," zegt Jennifer verongelijkt. "Jullie zien de vragen veel eerder dan ik."

"Volgens mij hebben jullie het hartstikke verkeerd. Koliek is een onderdeel van het zadel," zegt Simon ineens.
"Wat?" De meisjes kijken hem stomverbaasd aan.
"Wij hebben thuis een ruitersportzaak," zegt Simon met een ernstig gezicht. "Dus ik kan het weten. Een koliek is een speciale stijgbeugel. Dit is gewoon een strikvraag. Ik denk dat iedereen het verkeerde antwoord invult, behalve wij dan natuurlijk."
Simon houdt zijn been van zijn pony af en draait met zijn voet, zodat de meisjes zijn stijgbeugel goed kunnen zien.
"Dit is een koliek, een veiligheidsbeugel," legt Simon uit. "Je kunt er nooit met je voeten in vast blijven zitten als je van je paard afvalt."
"Dan is het misschien toch een strikvraag," zegt Eefke weifelend. Ze kruist op haar formulier het eerste antwoord aan.

Bente wil haar formulier ook invullen, maar ze aarzelt even. Simon is vooruit gereden. Hij zit te schudden op zijn pony, alsof hij erg moet lachen.
Bente vertrouwt het niet. Simon heeft toch gezegd dat hij geen zin in de puzzelrit heeft? Hij zal toch niet expres het verkeerde antwoord geven?
"Jij hoeft niets in te vullen, ik schrijf de antwoorden wel op," zegt Eefke. "Per groepje hoef je maar één formulier in te leveren."
Maar Bente wil liever zelf haar formulier invullen.
Stel dat Eefke iets verkeerd opschrijft of per ongeluk iets vergeet in te vullen?
"Laat mij het maar invullen," zegt Bente. "Als jij de vragen voorleest, vul ik de antwoorden in. Dan doen we allebei wat."
Eefke komt naast Bente rijden. Haar pony bijt naar Menckel

die probeert terug te happen. Met de teugels trekt Bente Menckels hoofd opzij.

"Nee, ik schrijf de antwoorden op," zegt Eefke. "Je moet niet direct de baas proberen te spelen, Bente."

Eefke laat haar pony aandraven en gaat naast Jennifer rijden.

Bente rijdt nu achteraan, alleen. Hoe kan Eefke nou denken dat ik de baas wil spelen, denkt ze verdrietig. Ik wil toch alleen maar helpen?

Zwijgend rijden ze over de spoorwegovergang. Bij de splitsing gaan ze rechtsaf, zoals Simon heeft gezegd.

Eefke leest weer voor van het formulier: "Na een tijdje rijden kom je aan de linkerhand een wit huisje tegen. Hierna splitst het pad zich, dat wordt kiezen! En weer een puzzelvraag."

"Volgens mij kom je hier geen wit huisje tegen," zegt Bente zachtjes. "Dan hadden we na het spoor naar links moeten gaan. Dit pad gaat langs de spoorlijn en dan diep het bos in. Daar zijn geen huizen."

"Wat staat er verder, Eefke?" vraagt Jennifer.

"Eh, de vraag is: hoe heet het paard dat de hoofdrol speelt in de fim De Paardenfluisteraar? Is dat a. Pilgrim, ga rechts; b. Black Beauty, ga naar links."

"Je kunt hier niet naar rechts, want daar is alleen de spoorlijn," zegt Bente, die meer zelfvertrouwen krijgt. Ze weet alweer meteen het goede antwoord!

"En er is geen spoorwegovergang," voegt ze eraan toe. "Leuk hoor, nu heb je weer antwoord op een vraag gegeven," zegt Jennifer. "Ik wist ook wel dat het Pilgrim was en dat we dan naar rechts moesten. Ik doe zeker voor spek en bonen mee."

"Sorry," zegt Bente.

Ik doe ook helemaal niets goed, denkt ze. Misschien kan ik verder maar beter mijn mond houden.

"We gaan terug," zegt Eefke. "We zijn verkeerd gereden." Ze roept naar Simon, die zo'n twintig meter voor hen rijdt: "Simon, we keren om."

Ze keren om en draven terug naar het spoor. Daar nemen ze het goede pad. Na honderd meter komen ze het witte huisje al tegen en direct daarna een splitsing.

"Hier moeten we dus naar rechts," zegt Eefke.

Simon stopt ineens.

"Nee hoor, volgens mij moeten we naar links," zegt hij. "Jullie hebben het verkeerde antwoord op de vraag gegeven."

Weer staren ze hem alledrie stomverbaasd aan.

"Hoe kom je daar nou bij!" zegt Eefke kwaad. "Ik heb De Paardenfluisteraar wel drie keer op dvd gezien en ik heb ook het boek gelezen. Dat paard heet Pilgrim."

"Nee hoor, het heet Black Beauty." Simon drijft zijn pony aan, maar houdt hem ook tegen. Zijn pony wordt daar nerveus van en begint te dribbelen. Nogmaals drijft hij zijn pony aan en dan steigert deze. Hoog maait hij met zijn voorbenen in de lucht. Simon blijft lachend op hem zitten.

De pony's van Jennifer en Eefke deinzen geschrokken terug. Maar Menckel begint te dansen en Bente moet haar uiterste best doen hem bij zich te houden. Als Marlotte en zij van het kasteel wegracen, gaat Marlottes pony altijd steigerend weg. Menckel denkt dat ze nu ook gaan racen!

"Volgens mij probeer je ons ertussen te nemen," zegt Jennifer tegen Simon. "En koliek is wel een darmverstopping. Je hebt de vorige vraag zeker expres verkeerd beantwoord."

Simon begint te grijnzen.

"Wat maakt dat nou uit?" zegt hij. "Het was een geintje. Jullie zijn er mooi in getrapt."

"We luisteren gewoon niet meer naar Simon," zegt Eefke. "Wij beantwoorden de vragen en Bente weet hier de weg. We hebben hem helemaal niet nodig om de puzzelrit te winnen."

"Jullie kunnen sowieso niet winnen met mij erbij," zegt Simon. "Hebben jullie even vette pech. Mijn vader sponsort de rit. Als wij winnen, dan denkt iedereen dat het doorgestoken kaart is. Dat ik de goede antwoorden van mijn vader heb gekregen."

Jennifer en Eefke, die een stuk voor Bente rijden, beginnen opgewonden met elkaar te praten.

Bente luistert niet naar hen. Ze voelt zich alleen maar ongelukkig. Ze heeft dus helemaal geen kans om de waardebon te winnen! Was ze maar nooit meegegaan!

4. Hoogte schatten

Twintig minuten lang volgt het groepje de puzzelrit zonder problemen. De vragen zijn niet zo moeilijk en Bente kan de paden die ze moeten volgen makkelijk vinden. Ze schieten dus behoorlijk op en zijn al op een kwart van de route. Bente voelt zich er wat meer bij horen. Eefke en Jennifer doen verder normaal tegen haar. De taken zijn eerlijk verdeeld. Eefke leest de vragen voor en schrijft de antwoorden op. Jennifer mag de vragen eerst beantwoorden. Bente kijkt of ze de juiste route volgen. Alleen Simon heeft geen taak. Hij rijdt achteraan en zingt af en toe een liedje of fluit een melodietje. Hij wil er niet bij horen, maar stoort verder ook niet.

"Daar is het meetpunt," zegt Eefke en ze wijst naar rechts. Tussen de bomen staat een bestelauto. Een man en een vrouw zwaaien als ze hen zien. Ze zijn gekleed alsof ze op wintersport gaan. Met felrode windjacks, die bollen in de wind. Moonboots aan hun voeten en wollen mutsen op hun hoofd.

"Jullie moeten hier de schofthoogte van je pony schatten," zegt de vrouw. "Mijn man meet dan met de stok hoeveel centimeter je ernaast zit." Ze pakt haar stopwatch en drukt hem in. "De tijd dat jullie hier zijn, wordt afgetrokken van jullie eindtijd. Anders moeten we ons te veel haasten."

Bente mag als eerste. "Menckel is een meter tweeënveertig hoog," zegt ze. Makkelijk, denkt ze. Zijn schofthoogte staat op zijn stamboekpapier.
Maar de man meet een meter drieënveertig.
"Eén centimeter ernaast maar," zegt de vrouw. "Dat is erg netjes."

Bente zegt maar niet dat de man het verkeerd heeft. Een centimeter verschil is erg weinig. Of zou hij gelijk hebben? Misschien is Menckel wel gegroeid!

De vrouw wenkt Jennifer. Eefke tikt haar vriendin aan. "Je moet de schofthoogte van Pasja schatten."

"O," zegt Jennifer en ze haalt haar schouders op. "Ik geloof dat hij een meter eenenvijftig is, maar ik weet het niet zeker. Dat hebben ze in elk geval bij de verkoop gezegd."

"Je kunt je pony naast die van Bente zetten en dan schatten hoeveel groter hij is," zegt de vrouw. "Dan heb je misschien meer zekerheid."

"Tsja," zegt Jennifer. Ze kijkt om zich heen om Bente te zoeken.

"Jennifer kan niet zo goed zien," zegt Eefke. "Meters en centimeters zeggen haar niet veel."

"Wat knap dat je dan meerijdt," zegt de vrouw tegen Jennifer.

"Ik kan de weg wel niet zien, maar ik beantwoord de vragen," zegt Jennifer trots.

"O wat leuk, laat jullie formulier eens zien."

Eefke geeft haar het formulier aan en de vrouw kijkt hun antwoorden na. "Nog geen enkele fout gemaakt," zegt ze als ze het formulier teruggeeft. Tegen haar man zegt ze: "Meet de pony van Jennifer maar, dan vullen we de juiste hoogte als antwoord in. Je kunt van iemand die slechtziend is niet verwachten dat ze gaat schatten."

Dan is Eefke aan de beurt. "Ik weet de schofthoogte van mijn pony precies," zegt ze. "Want dat staat op zijn papieren. Hij is een meter vijfenvijftig."

"Dan hoeven we dat niet na te meten," zegt de man en zijn vrouw vult het antwoord in.

"Bij Menckel staat zijn hoogte ook op zijn papier," zegt Bente. "Maar toch heeft u een centimeter meer gemeten. Kan het zijn dat hij is gegroeid?"

"Vast niet," zegt de man en tegen zijn vrouw zegt hij:

"Verander zijn hoogte maar. Ik meet hier misschien net iets anders dan op een keuring. Wat op zijn papieren staat is officieel."

Alleen Simon is nog niet aan de beurt geweest. Hij heeft de hele tijd rondjes om de bestelauto gestapt. Alsof het hem niet interesseert wat er gebeurt. Maar nu komt hij ineens naar voren en zegt: "Mijn pony is volgens mij achtenveertig centimeter."
Geschrokken kijken de drie meisjes op. Begint Simon nu weer? Zelfs de kleinste pony is groter dan wat hij heeft gezegd.
De man en de vrouw kijken Simon niet-begrijpend aan. Ze denken dat ze hem verkeerd hebben verstaan.
"Simon geeft expres de verkeerde antwoorden," zegt Eefke boos. "Hij zegt dat we niet kunnen winnen omdat zijn vader de rit sponsort. Dat iedereen zal denken dat het doorgestoken kaart is als ons groepje wint."
"Wat een onzin," zegt de vrouw. "Jullie moeten toch ook puzzelen om te winnen. Simon heeft de vragen toch niet van tevoren gezien?"
"Nee, maar dat zullen de mensen wel denken," zegt Simon. "En dat is slechte reclame voor onze winkel. Dus geef ik liever de verkeerde antwoorden."
"Ik had mijn prijs aan Jennifer willen geven," zegt Eefke. "Want Jennifer heeft een nieuw zadel nodig. Maar nu hebben we niet eens kans om te winnen."
De vrouw knikt en denkt na. Ze loopt naar haar man toe en de twee fluisteren even met elkaar. "Wij weten een oplossing, Simon," zegt ze als ze terugkomt. "Stel dat jullie de eerste prijs winnen, dan zeg je gewoon dat je jouw prijs aan Jennifer geeft, net als Eefke. Als dat geen goede reclame voor jullie zaak is!"
Simons gezicht klaart op.
"Dat zal mijn vader geweldig vinden," zegt hij. "Daar had ik

helemaal niet aan gedacht." Hij rijdt naar Jennifer toe. "Als we winnen, krijg jij mijn prijs," zegt hij plechtig. "En van nu af aan doe ik mijn best om te winnen."

De man meet zijn pony en zijn vrouw schrijft de juiste hoogte op.

"Wij hebben jullie een beetje geholpen," zegt ze. Alle schattingen van jullie zijn goed. De andere groepen die zijn geweest, zitten er behoorlijk wat centimeters naast. De antwoorden van jullie formulier zijn ook allemaal goed. Jullie hebben alleen wel wat achterstand in de tijd. Maar als jullie opschieten, kun je nog veel inhalen. We zijn pas op een kwart van de afstand. Ga maar snel weer op pad, jullie moeten hier rechtdoor. Wij duimen voor jullie."

Simon draaft direct weg. "Volg mij maar," roept hij. "Ik ken de weg hier ook goed."

Eefke en Jennifer draven achter Simon aan.

De vrouw pakt Menckel bij de teugel en kijkt Bente aan. "En jij, Bente? Geef jij jouw prijs ook aan Jennifer?" Menckel wil de pony's achterna en Bente moet haar best doen om hem bij zich te houden.

De vrouw laat hem los.

Menckel is al in galop en daardoor kan Bente geen antwoord geven. En dat is maar goed ook, want ze heeft niet eens een antwoord.

5. Puzzel in je hoofd

Menckel heeft de andere pony's razendsnel ingehaald. Hij vindt het prachtig om door de blubber te galopperen. De modder spat om zijn hoeven omhoog. Zijn benen zijn al pikzwart tot aan zijn knieën.

Het groepje voor Bente stopt ineens. Menckel probeert ook te stoppen, maar glijdt een stukje door in de blubber. Eefkes pony springt opzij als hij een stroom modderspatten op zich ziet afkomen.

"Kijk toch uit, Bente," roept Eefke uit.

"Sorry," zegt Bente. "Ik wist niet dat jullie zo plotseling zouden stoppen."

"We hebben weer een vraag," zegt Eefke en ze leest voor: "Je kunt hier een afslag naar links nemen. Doe je dit of blijf je rechtdoor gaan? En dan de vraag: Hoe vaak is een ruin hengstig? A. Elke drie weken, ga naar links. B. Nooit, blijf rechtdoor gaan."

"Kom op, we gaan rechtdoor," zegt Simon en hij draaft al weer weg.

"Niet zo snel," zegt Jennifer puffend. "Ik ben het niet gewend om steeds te draven."

"We kunnen toch wel even overleggen over de vragen?" zegt Eefke. "Je hoeft niet alles alleen te doen, Simon. Als je ons de vragen laat beantwoorden, wijs jij de weg. Zo deden we het net toch ook?"

"Willen jullie nou eerste worden of niet?" roept Simon achterom. "We hebben toch achterstand in de tijd? We zijn toch verkeerd gereden? Nu halen we dat in. Jullie moeten er wel wat voor overhebben, hoor."

"Dat is zo," zegt Jennifer berustend.

Eefke volgt met een knalrood hoofd van inspanning.

Bente rijdt achteraan. Ik hoef helemaal niets meer te doen, denkt ze, want Simon wijst de weg. Nu doe ik voor spek en bonen mee. Maar misschien is dat wel goed, want ik moet ook een puzzel oplossen: de puzzel in mijn hoofd. De vrouw van het meetpunt wilde weten of ik mijn prijs ook aan Jennifer geef. Het leek wel of ze dat eigenlijk verwachtte. Maar ik heb toch zelf een winterdeken voor Menckel nodig? Anders kan ik niet rijden als het koud is. Er kan toch niet van mij worden verwacht dat ik mijn prijs zomaar aan een ander afsta? Maar stel dat Simon straks aan me vraagt of ik mijn waardebonnen ook aan Jennifer geef? Of als Eefke of Jennifer dat vraagt? Wat moet ik dan zeggen?

Als ik nee zeg, dan vinden ze dat ik alleen maar aan mezelf denk. Dat ik niets voor een ander overheb. Maar als ik ja zeg, dan laat ik Menckel in de steek. Hij heeft toch echt een deken nodig? Stel dat hij ziek wordt? Had ik maar direct gezegd dat ik voor een deken spaar. Dan zouden ze ook niets van me verwachten. Maar nu wachten ze er vast op tot ik zeg dat ik ook voor Jennifer rijd. Of misschien gaan ze daar al wel van uit!

Zal ik zeggen dat ik voor een ander rijd? Eh, voor zieke Marlotte bijvoorbeeld. Dat ik een cadeautje voor haar wil kopen van die waardebonnen. Omdat het zo zielig is dat ze zelf niet mee kan rijden? Maar als ik dat zeg, dan moet ik het ook echt doen. En dan ben ik evengoed mijn prijs kwijt. O, wat is dit moeilijk. De puzzel in mijn hoofd is veel moeilijker dan de puzzels van de rit.

Het tempo komt steeds hoger te liggen. Simon rijdt in uitgestrekte draf en de pony's van Jennifer en Eefke volgen net achter zijn staart. Bente heeft meer afstand tot haar voorgangers.

Ineens steekt Simon zijn hand omhoog.

"Stoppen," roept hij. In zijn hand heeft hij het formulier. "We

moeten op de paddestoel kijken," zegt hij. "De volgende vraag is: hoeveel kilometer is het naar koek en zopie?" Hij kijkt de anderen bevreemd aan. "Koek en zopie? Dat dorp ken ik niet. O, ik zie het al." Op de paddestoel staat een briefje geplakt met een pijl en daaronder geschreven: 'Koek en zopie puzzelrit, 2 kilometer.'
Simon schrijft het antwoord op en leest de volgende instructies.
"Kom, we gaan door," roept hij. Straks komen we een grote kruising van ruiterpaden en fietspaden tegen. Die ken ik, dus we zitten goed. Over de kruising moeten we naar rechts."
Simon zet zijn pony in galop aan.
Ze rijden op een behoorlijk breed zandpad en de andere pony's hebben wel zin in een race.
Eefke en Jennifer galopperen naast elkaar en Menckel er vlak achter. Menckel vindt dat het allemaal te langzaam gaat en wil de pony's voor hem inhalen.
Bente probeert hem in te houden. Simon galoppeert veel te hard, denkt ze. We zijn al bijna bij de kruising. Stel dat er een fietser aankomt, dan botsen we erbovenop.

Voor de kruising versmalt het pad ineens. Simon houdt zijn pony niet in, maar geeft hem juist extra de sporen. Nog sneller galopperen de pony's voort.
Bente heeft steeds meer moeite Menckel achter de andere pony's te houden. Hij wil erlangs, dit is toch een race? Hij pakt het bit tussen zijn tanden en luistert niet meer naar Bente. Hij zet aan voor een flinke spurt en duwt zich een weg tussen de pony's voor hem.
Eefke en Jennifer moeten naar buiten uitwijken. Jennifer komt net langs de boomrand te rijden. In een flits ziet Bente dat Jennifer recht op een paar laaghangende takken afrijdt.
"Kijk uit voor de takken, Jennifer. Duiken!" roept Bente zo hard mogelijk.
Jennifer duikt met haar hoofd naar beneden. Haar schouders

schuren onder de takken langs en haar cap hangt ineens scheef op haar hoofd.

"Simon, stop," roepen Bente en Eefke tegelijk, want Jennifer hangt nu helemaal scheef op haar pony. Ze is een stijgbeugel verloren.

De pony van Simon staat bijna onmiddellijk stil. Jennifers pony botst boven op hem. Eefke en Bente kunnen net om hem heen rijden.

"Wat is er nou?" zegt Simon geïrriteerd. "We reden net zo goed door."

Jennifer hapt naar adem en zoekt haar stijgbeugel. Even later zit ze weer rechtop.

"Galoppeer maar verder, hoor, er is niets aan de hand," zegt ze. Dan voegt ze er trots aan toe: "Ik heb nog nooit zo knoerthard gereden. Als mijn moeder het hoort, krijgt ze een rolberoerte. Beloven jullie dat jullie niets tegen haar zeggen?"

Dat beloven ze alledrie.

"Maar weer in galop dan?" vraagt Simon.

"Nee," zegt Eefke. "We zijn zo bij de rustplaats. We kunnen de pony's beter uitstappen."

"Oké," zegt Simon.

Eensgezind stappen ze door en een paar minuten later zijn ze bij de rustplaats aangekomen.

6. Koek en Zopie

De rustplaats is op de helft van de puzzelrit. Ze mogen er
precies twintig minuten blijven, dus ook hier worden de
groepen afgeklokt.
In de koek- en zopietent liggen de lunchpakketten klaar.
Belegde broodjes, een krentenbol en warme chocolademelk.
In een trailer liggen een heleboel paardendekens. Aan het
begin van de rit konden de deelnemers hun dekens afgeven.
Dan koelen de pony's niet te veel af in de pauze. Jennifers
moeder staat al met de deken klaar. Ze neemt Pasja van
Jennifer over en legt de deken over hem heen. Eefke en
Simon krijgen hun dekens aangereikt door Tiny De Jager.
Menckel is flink bezweet, maar voor hem is er natuurlijk
geen deken. Daarom moet Bente met hem blijven stappen
zodat hij geen kou kan vatten.
De broodjes stopt ze in haar zak. Eerst de chocolademelk
opdrinken, denkt ze. Maar dat blijkt niet makkelijk te zijn
met een pony aan haar hand. De helft van de chocolademelk
gutst over de rand en op haar hand.
"Jennifer, kom eens hier. Er is een verslaggever van de
krant. Hij wil je interviewen," hoort Bente Jennifers moeder
zeggen.
Een man met een blocnote en een fototoestel over zijn
schouder staat naast haar. Jennifer en Eefke lopen met hun
lunch naar Jennifers moeder toe. Simon loopt snel achter hen
aan.
"Leuk dat de krant aandacht schenkt aan onze puzzelrit,"
zegt Tiny De Jager. "We kunnen wel wat publiciteit
gebruiken nu we een nieuwe binnenmanege willen bouwen."
Ook zij gaat erbij staan.
Bente gooit haar plastic beker in een vuilnisbak en probeert

zo dicht mogelijk bij het groepje rond te stappen. Ze wil graag horen wat er allemaal gezegd wordt.

"Dus Jennifer is slechtziend en toch rijdt ze pony?" vraagt de verslaggever. "Is dat niet gevaarlijk?"

Jennifer wil antwoord geven, maar haar moeder is haar voor. "Ik ben er altijd bij, hoor," zegt ze. "En normaal rijdt ze alleen in de manege. Maar je moet natuurlijk wel een brave pony hebben en die zijn niet zo makkelijk te vinden. De eerste bokte alleen maar en de tweede liet zich niet sturen. Dit is Jennifers vierde pony al, maar Pasja bevalt goed, hè Jennifer?"

Haar vierde pony, denkt Bente. Waar zijn die andere pony's gebleven?

"Met Pasja mag ik ook wedstrijd gaan rijden," zegt Jennifer trots. "Hij is heel goed in dressuur en kent alle oefeningen al."

De verslaggever schrijft alles op in zijn blocnote.

"Knap hoor," zegt hij. "En nu doe je mee aan de puzzelrit. Gewoon voor de lol?"

"Nou, ze hopen natuurlijk te winnen," zegt haar moeder en Jennifer zegt: "Als we eerste worden, mag ik een nieuw zadel kopen voor de wedstrijden."

"Zo, dat is een grote prijs," zegt de verslaggever. "Dan zal iedereen wel willen winnen."

"De eerste prijs is geen zadel, hoor," zegt Tiny De Jager. "Dat zou een beetje te gek zijn. We moeten juist geld sparen omdat we een nieuwe binnenmanege willen laten bouwen. Het groepje dat wint krijgt waardebonnen van de ruitershop in het dorp."

Jennifer knikt en zegt: 'En als we winnen, krijg ik de waardebonnen van Eefke en van Simon. Dat hebben ze beloofd. Mijn ouders betalen de rest."

"Is dat waar, Eefke?" vraagt de verslaggever. "Geef jij je prijs aan je vriendin? Wat aardig van je. Waarom doe je dat?"

"Omdat Jennifer een nieuw zadel nodig heeft," zegt Eefke.
"Is het zadel dat je nu hebt te oud of zo?" vraagt de
verslaggever aan Jennifer.
"Nee, het is eigenlijk best nieuw," zegt Jennifer. "Maar het is
een veelzijdigheidszadel. Als je dressuurwedstrijden wilt
rijden, kun je het beste een zadel hebben dat daar speciaal
voor is gemaakt."
"Kostbare zaak," zegt de verslaggever.

Bente heeft het allemaal aangehoord en begint zich op te
winden. Het is maar goed dat ze haar prijs niet aan Jennifer
heeft afgestaan. En ze zal dat ook zeker niet doen. Stel je
voor! Jennifer heeft al een splinternieuw zadel. Bovendien
ziet ze pony's als een soort gebruiksvoorwerpen. Ze is al aan
haar vierde pony toe! En ze rijdt pas anderhalf jaar heeft ze
onderweg gezegd.
"Nou," zegt de verslaggever even later. "Nog een leuke foto
en ik heb een mooi verhaal. Kan het hele groepje van
Jennifer erop met hun pony's? Kom allemaal maar even hier
staan."
Ze worden voor de koek- en zopietent opgesteld.
Mevrouw De Jager roept Bente erbij.
"Na de foto wil ik ook nog even met jou praten," zegt de
verslaggever. "Dan heb ik mijn verhaal rond. Wat leuk dat
zo'n heel groepje kinderen zijn best doet voor één meisje."
Ik hoop niet dat hij denkt dat ik ook voor Jennifer rij, denkt
Bente. Jennifer heeft het toch alleen maar over Eefke en
Simon gehad? Ik wil mijn prijs helemaal niet aan Jennifer
geven, maar hoe kan ik dat tegen hem zeggen? Straks komt
het in de krant en lezen mijn ouders het artikel. Ze zeggen
juist altijd dat ik zoveel voor anderen overheb. Maar ik weet
echt niet of ik iets voor Jennifer overheb. O jee, ik heb de
puzzel in mijn hoofd nog helemaal niet opgelost.
Zodra de foto is gemaakt, loopt Bente weg.
"Ik moet plassen," zegt ze tegen de fotograaf. Met Menckel

achter zich aan loopt ze het bos in.

"Het groepje van Jennifer moet vertrekken," hoort ze Tiny De Jager roepen. "Hun twintig minuten zijn om."

Bente ziet hoe Simon, Eefke en Jennifer snel op hun pony's klimmen.

"Bente!" Simon roept keihard.

Bente stijgt op en draaft naar haar groepje toe. Ze ontwijkt de ogen van de verslaggever en weg zijn ze.

7. Hulp

"Het ruiterpad maakt een scherpe bocht naar links, maar je kunt ook het pad rechtdoor volgen," leest Simon onder het rijden voor. "Wat doe je? Jennifer, een vraag voor jou. Wat zit er in elk geval in slobber? Water? Dan moeten we linksaf. Of wortels dan moeten we rechtsaf."

"Eh, slobber?" vraagt Jennifer. "Ik weet niet wat dat is."

"We gaan dus naar links," zegt Simon voordat Bente iets heeft kunnen zeggen.

Zij weet echt wel wat slobber is. Dat maakt ze elke week voor Menckel klaar. Een lekkere mix van granen, zemelen en lijnzaad, aangemaakt met warm water. Dat neemt ze in een emmertje aan haar fietsstuur mee.

"Slobber is ...," begint Bente tegen Jennifer.

"Blablabla," roept Simon. "Als we alles uitgebreid gaan uitleggen, komen we nooit als eerste aan. Kom op, we gaan in draf."

Hij draaft weg en de andere pony's volgen natuurlijk. "Welk ros kan er in het weiland rechts van ons worden gestald?" roept Simon naar achteren. "Dat is de volgende vraag. Volgens mij ligt het zwembad hierachter. Dan is dit een fietsenstalling. Dus het is een stalen ros. Alweer een antwoord goed."

"Moet je de antwoorden niet opschrijven?" vraagt Eefke, die al weer een erg rood hoofd heeft.

Simon schudt zijn hoofd. "Dat schrijven we later wel op, als we toch moeten stoppen. Zonde van de tijd, we moeten door!"

Bente probeert het antwoord al dravende op te schrijven, maar dat lukt niet erg. Ze stopt het formulier maar weer in haar zak. Die Simon zet er wel erg de vaart in. Toch wel goed, denkt ze. We hebben nu tenminste weer een kans om te winnen. Ook al weet ik nog steeds niet wat ik met mijn prijs moet doen.

Veel tijd om na te denken heeft Bente echter niet. Er is weer een vraag.

"Aan je rechterhand kom je een sluisje tegen," zegt Simon. "Tot welk peil kan het water worden gemeten? Sorry Jennifer, maar ik beantwoord de vraag zelf wel. Jij kunt het bord toch niet zien. Het antwoord is twee meter."

Simon galoppeert weg. "Kom jongens, we doen er nog een tikkie bovenop. Volgens mij gaan we beresnel."

"Ik heb kramp in mijn been," schreeuwt Eefke ineens. "Stop alsjeblieft."

Simon laat zijn pony weer abrupt halthouden.

Geïrriteerd kijkt hij achterom. Met een pijnlijk gezicht wrijft Eefke over haar been.

"Ik rijd altijd erg rustig in het bos," verontschuldigt, ze zich. "Want ik rijd samen met Jennifer."

"Voor mij hoef je het niet rustig aan te doen, hoor," zegt Jennifer. Haar gezicht straalt en ze beweegt zich ineens helemaal niet stijf meer. "Gaat het weer, Eefke? Dan kunnen we door."

Eefke knikt, al is het niet van harte.

Simon galoppeert weer weg. In de verte zien ze een ander groepje rijden.

"We halen ze in," roept Simon opgewonden. "We hebben dus zeker tien minuten ingehaald, want er wordt elke tien minuten gestart. Kom op, we gaan nog iets sneller!" Vlak voor het groepje, dat voor hen is gestart, gaat Simon in stap over.

"Mogen we jullie even inhalen?" roept hij. "We hebben nogal haast."

Het zijn de giechelende meisjes die Bente eerder in de

caravan heeft gezien. Het meisje dat daar de boventoon voerde, roept: "Niks daarvan. Blijf maar mooi achter ons." Haar buurmeisje zegt iets tegen haar, maar zo zacht dat ze het niet kunnen horen.

"O," zegt het eerste meisje dan. "Eh, jullie zijn het groepje met het blin... eh met Jennifer, hè? Kom dan maar snel langs." Ze draven de meisjes voorbij.

"Succes, ik hoop dat jullie winnen," horen ze achter zich roepen.

Een paar minuten later komen ze op een pleintje aan. De puzzelgroep voor hen rijdt net joelend weg. Een man zwaait hen enthousiast na. Hij heeft zijn racefiets aan de hand.

"Dat groepje kunnen we ook inhalen," zegt Simon. "Maar dan moeten we wel snel de vraag beantwoorden. Eh, die luidt: in welk jaar stierf J.F. van Brandzoon voor ons land?" Hij kijkt naar het standbeeld op het pleintje. "Dat staat vast onder het standbeeld. Kom, we gaan kijken." Simon stapt met zijn pony naar het standbeeld toe. "Ik kan het jaartal niet goed lezen," zegt hij dan. "Er ligt allemaal aarde overheen."

"Je moet er dus af," zegt de man met de fiets aan zijn hand.

"Dat moest mijn dochter net ook. Hup, spring van je pony en kijk onder de aarde. Je moet er wat voor overhebben om te winnen."

Simon kijkt de andere meisjes aan. "Ik hoef toch niet alles alleen te doen? Wie stapt er af?"

"Wat voor standbeeld staat daar?" vraagt Jennifer nieuwsgierig. Ze kijkt om zich heen met haar hoofd weer wat scheef omhoog.

De man begrijpt meteen om welk groepje het gaat. "Het jaartal is 1918," zegt hij. "Ga maar snel door. Ik heb gehoord dat jullie in de krant komen. Maar dan moeten jullie wel winnen, natuurlijk!"

Bente heeft de tijd op het pleintje gebruikt om de antwoorden van alle vorige vragen in te vullen. Ze slaakt een zucht van verlichting. Mooi, zij heeft de juiste antwoorden in elk geval opgeschreven. Ze vertrouwt Simon niet zo erg met het formulier.

Zodra ze weer op een ruiterpad rijden, zet Simon zijn pony weer aan in galop. "We halen de volgende groep in," roept hij enthousiast.
"Ik wil niet meer zo snel," stribbelt Eefke tegen. "Ik ben hartstikke moe en mijn pony ook."
"Kom op, niet zeuren," roept Jennifer uitgelaten. "We hebben al een groep ingehaald en nu kunnen we de volgende ook hebben. Niemand is zo snel als wij." Ze zet haar hakken in de buik van de pony en haalt Simon in.
Zijn pony laat dat niet op zich zitten en probeert voor te blijven. Vertwijfeld probeert Eefke haar pony in te houden, maar het dier volgt zijn kuddeinstinct. Eefke heeft niets over hem te vertellen.
Ook Menckel zet het op een racen. Ondanks de kou slaat de damp van hem af. Zijn hals is al helemaal nat van het zweet. Ik hoop niet dat Menckel weer verkouden wordt, denkt Bente ongerust. Zo hard rijden we normaal nooit. Gelukkig mag Menckel straks van de boer op stal, anders was ze nu echt gestopt. Maar hoe had ze in haar eentje kunnen stoppen?
Het volgende groepje is snel ingehaald. De meisjes gaan met hun pony's in een inham staan, als ze Simons groepje aan horen komen galopperen.
"Hihi, ze zijn bang voor ons," roept Simon en Jennifer gilt als een echte cowgirl: "Yeeha!"

De torens van het kasteel komen al in zicht en Simon laat zijn pony draven.
"We kunnen niet met hijgende pony's aankomen," zegt hij. "Dat willen ze niet hebben op de club."
Het laatste stukje stappen ze in een rustig tempo.

"Dat was zeker Maaike in het laatste groepje?" vraagt Jennifer aan Simon. "Ik dacht dat ik haar stem herkende." Simon knikt. "Maaike en Tamara ofwel Jut en Jel, het lekkere stel."

"Wat een watjes," zegt Jennifer.

"Maar niet zo erg als dat vorige groepje dat we inhaalden," gniffelt Simon. "Die wensten ons zelfs succes. Wat één dombo's!"

"Die kunnen echt niet rijden," zegt Jennifer lachend. "Ze durven gewoon niks. Die zouden op een stalen ros moeten rijden."

Simon lacht hard mee.

"Ze wilden ons juist helpen," zegt Bente, die het oneerlijk vindt dat het groepje wordt uitgescholden. "Dat is toch hartstikke aardig van ze?"

"Wat konden ze anders?" roept Simon uit. "Zelf hadden die trienen echt geen kans om te winnen. Ik ken die meiden wel. Ze denken dat ze kunnen rijden, maar als hun pony steigert, dan beginnen ze te grienen. Papkindjes!"

"Grienende trienen," herhaalt Jennifer lachend. "Wat vind jij, Eefke?"

Eefke vindt helemaal niets. Ze zit onderuitgezakt op haar pony te wachten tot de eindstreep is gehaald. Ze is helemaal op.

Bente krijgt een steeds grotere hekel aan Simon en Jennifer. Waarom zitten ze de andere groepen zo af te kammen? Ineens kan niemand meer rijden volgens hen. Hebben ze dan niet door dat ze van alle kanten worden geholpen? Bente weet nu zeker dat ze haar prijs niet aan Jennifer zal afstaan. Bij haar thuis hebben ze geld genoeg. Het gaat alleen maar om meer luxe. Ik moet voor mijn eigen pony zorgen, besluit Bente. Menckel mag niet meer verkouden worden! Nee, ik ga mijn prijs echt niet weggeven. Ik heb de puzzel in mijn hoofd gelukkig opgelost.

8. Een poepie laten ruiken

Als ze bij de finish afgeklokt worden, is de uitslag nog niet bekend. De laatste groep is drie uur na de eerste van start gegaan, dus het duurt nog wel even voordat iedereen binnen is. Bovendien moeten de formulieren worden nagekeken. Fouten of niet-ingevulde vragen tellen als strafpunten in de tijd.

"Vanavond horen jullie de uitslag," zegt Tiny De Jager tegen Jennifer. "Bij de prijsuitreiking in het dorpshuis. Iedereen moet komen, hoor!"

Bente blijft op Menckel zitten. Ze moet nog minstens een halfuur naar de boer stappen. Maar dat is maar goed ook, want Menckel is drijfnat. Hij mag op stal staan tot hij droog is, heeft de boer gezegd. Volgens mij is hij morgen nog niet droog, denkt Bente. Wat jammer toch dat ik geen deken heb. Nu moet Menckel de hele nacht op stal staan.

Voor Eefke en Jennifer staat een auto met trailer klaar. Jennifers ouders laden de pony's, terwijl Jennifer en Eefke in de auto kruipen. Eefke is op van vermoeidheid en daardoor erg stil, maar Jennifer ratelt enthousiast door het open raam tegen haar ouders.

"Ik weet zeker dat we gewonnen hebben. We zijn geholpen joh, door iedereen, geloof ik. Maar al hadden we geen hulp gehad, dan waren we nog de snelsten geweest. We hebben flink doorgereden, mam. Ik kan best buiten galopperen, ook al zeg je altijd..."

Bente hoort Jennifers stem van steeds verder weg komen. Even later hoort ze haar helemaal niet meer. Eigenlijk wil ze zo snel mogelijk hiervandaan. Van Jennifer en Eefke en van de andere mensen van de puzzelrit. Even alleen met Menckel zijn, dat wil ze graag. Bijkomen van de wilde rit en haar gedachten op een rijtje zetten. Bente is in de war.

Als Bente langs het kasteel rijdt, ziet ze Simon staan. Samen met zijn vader laadt hij zijn pony in de trailer. Simon praat al net zo enthousiast als Jennifer.

Simon is wel de laatste die Bente wil zien. Ze stuurt Menckel het pad af en laat hem zijn weg zoeken achter een rij bomen.

Maar ook al ziet ze Simon nog maar af en toe tussen de boomstammen door, ze kan hem wel goed horen.

"Ik heb ze een poepie laten ruiken, hoor pap. We hebben bijna de hele weg gegaloppeerd. Die blinde kon trouwens meer hebben dan die vette vriendin van d'r, die..."

"Zo praat je niet over mensen, Simon," valt zijn vader hem in de rede. "Een beetje meer respect kan geen kwaad."

"Ik heb respect verdiend met al die gratis reclame voor onze winkel!" zegt Simon uitdagend. "We komen in de krant, hoor pap, en zeker als we gewonnen hebben."

Bente ziet hoe zijn vader Simon goedkeurend toeknikt.

"Dat heb je in elk geval mooi voor elkaar," zegt hij glimlachend.

Simon lacht mee en slaat dan zijn arm om zijn vaders schouder. Hij zegt, alsof ze een complot smeden: "Het is echt niet makkelijk om te winnen met zo'n clubje grienende trienen achter je aan, hoor. Die vette Eefke kon nog geen tien meter achter elkaar galopperen. Blinde Jennifer bleef achter elke tak hangen. En Bente speelde botsautootje met die gestoorde Haflinger van haar. Wat reageert dat beest laat zeg, net een op hol geslagen tank. Wat moet iemand ook met zo'n stomme koudbloed? Die hoort voor de kar te lopen!"

Bente houdt haar adem in, alsof Simon haar dan niet zal horen. Ze rijdt namelijk vlak langs de trailer.

Maar Simon heeft helemaal geen oog en oor voor de rest van de wereld. Hij staat in de trailer om zijn pony vast te zetten en blijft tekeergaan over de andere deelnemers. Zijn vader zegt af en toe iets dat Bente niet kan verstaan, maar het lijkt erop alsof hij net zoveel pret heeft als Simon.

Wat een etterjong, denkt Bente als ze voorbij de trailer is. Eerst verpest hij de rit en nu denkt hij dat we dankzij hem hebben gewonnen. En hoe komt hij erbij om zo over Menckel te praten? Een op hol geslagen tank, tss. Alsof ik Menckel niet kon inhouden. Ja, logisch, als hij ineens stopt, dan zit ik boven op hem. Dat zou hij ook hebben met zijn pony. En wat is er verkeerd aan een koudbloed? Wat een stomme naam trouwens, koudbloed. Alsof een Haflinger geen warm bloed zou hebben. Waarom zou een koudbloed alleen goed genoeg zijn voor de kar? Er zijn zat Haflingers die met wedstrijden meedoen. Ik ga ook wedstrijd rijden met Menckel. Ik zal die stomme Simon eens een poepie laten ruiken! In mei zijn de clubkampioenschappen en dan ga ik van hem winnen. Zeker weten!

"Wat jij, Menckel?" zegt ze tegen haar pony en ze buigt zich voorover om Menckel over zijn hals te aaien.

Menckel staat ineens geschrokken stil, want als een duveltje uit een doosje springt de verslaggever uit de bosjes.

"Jou moest ik nog even hebben, Bente," zegt hij. "Ik wil mijn verhaal mooi rond hebben. Vertel eens, ben jij ook een vriendin van Jennifer?"

Bente moet even van de schrik bekomen. In gedachten was ze bij de clubkampioenschappen. Ze zag zichzelf al over de hoogste hindernissen springen, hoger dan die stomme Simon in elk geval. Aan de verslaggever heeft ze nooit meer gedacht. Wat een vasthoudend type!

Bente herstelt zich en schudt haar hoofd.

"Ik heb Jennifer vandaag pas voor het eerst ontmoet," zegt ze. "Ik zou eigenlijk met Marlotte, mijn vriendin, aan de puzzelrit meedoen, maar die heeft de griep. En nu viel die Simon voor haar in. De andere meisjes zijn gewoon aan ons gekoppeld omdat je in groepjes van vier moest rijden. Ik ben pas een maand lid van de club, dus ik ken nog bijna niemand."

De verslaggever schrijft wat op in zijn blocnote. Dan kijkt hij weer naar Bente op. "Maar eh, heb ik het toch goed begrepen dat jij je prijs ook aan Jennifer afstaat?" vraagt hij.

O, wat erg dat hij dat vraagt, denkt Bente. Nu moet ik antwoord geven. Maar welk? De waarheid kan ze niet zomaar zeggen. Dan maar een smoesje, om tijd te winnen.

Bente haalt haar schouders op. "Daar heb ik nog niet over nagedacht," zegt ze. "Eh, het is toch nog helemaal niet zeker dat we hebben gewonnen? Dat horen we vanavond pas bij de prijsuitreiking. Dat zei mevrouw De Jager bij de finish."

De verslaggever begint te lachen. "Niet zeker dat jullie hebben gewonnen? Natuurlijk is dat zeker. Jullie zijn toch van alle kanten geholpen? Jullie kunnen gewoon niet verliezen! Er is zelfs een groepje, een heel snel groepje, dat een paar verkeerde antwoorden heeft gegeven om Jennifer maar te laten winnen. Dat werd me net verteld. En andere groepjes hebben expres langzaam gereden. Het lijkt wel een soort samenzwering, maar dan een heel aardige. Iedereen wilde ineens dat Jennifer zou winnen. Iedereen gunt haar een mooi zadel, zodat ze wedstrijden kan rijden. Jij gunt haar toch ook een nieuw zadel?"

Bente weet niet wat ze moet antwoorden. Ze kan toch niet zeggen dat ze Jennifer haar nieuwe zadel niet gunt? Ook al is het waar, bedenkt ze tot haar schrik. Ze gunt Jennifer geen nieuw zadel. Ze heeft al een mooi zadel. Waarom moet ze een nieuw hebben terwijl ze al een mooi zadel heeft? Omdat ze slecht kan zien? Als ze nou nog aardig was! Ik gun Marlotte een nieuw zadel, denkt Bente. Maar Jennifer niet en Eefke en Simon ook niet. Als iemand niet aardig is, dan kan ik die niets gunnen.

De verslaggever wacht op antwoord. Hij herhaalt zelfs zijn vraag. "Jij gunt Jennifer toch ook een nieuw zadel?"

"Tsja, natuurlijk," zegt Bente dan maar. Wat kan ze anders zeggen?

De verslaggever knikt tevreden en schrijft nog iets op in zijn

blocnote. Dan duikt hij de bosjes weer in.
Bente ziet nu pas dat zijn auto daar staat.

9. Winst door verlies

"Hier moeten we naar binnen," zegt Bentes moeder en ze
wijst naar het bordje voor de zaal met 'Ponyclub De
Kasteelruiters'. Hun jassen hebben ze in de garderobe
opgehangen. Bentes moeder weet de weg in het dorpshuis.
Bente en haar vader volgen.
Het is al vrij druk in het zaaltje. Overal staan ouders met een
kopje koffie in de hand. Voor de ponyruiters is er limonade.
Bente en haar ouders blijven dicht bij de ingang staan.
"Ik zie geen enkele bekende," zegt Bentes moeder. "Gek,
want ik ken veel mensen in het dorp. En jij, Bente, zie jij
iemand die je kent?"
Bente kijkt rond en wijst een meisje aan. "Zij deed ook mee
met de puzzelrit, maar ik weet niet hoe ze heet. Verder
geloof ik niet dat ik iemand ken."
"Hallo Bente, zijn dat je ouders?" Jennifers moeder komt op
hen af. Ze stelt zich voor aan Bentes vader en moeder.
"Heeft uw dochter vandaag ook zo genoten?" vraagt
Jennifers moeder. Zonder op antwoord te wachten ratelt ze
door. "Jennifer heeft het geweldig gehad. Mijn dochter is
slechtziend, maar dat heeft u natuurlijk al van Bente
gehoord. In elk geval, de andere kinderen hebben haar
geweldig geholpen. Er wordt zelfs gefluisterd dat hun
groepje met de eerste prijs naar huis gaat. Mijn
complimenten hoor, voor uw dochter. Wat een lieve meid.
Zonder haar hulp zou Jennifer het nooit zo naar haar zin
hebben gehad. O daar loopt Eefke. Eefke, kom eens hier!"
De moeder van Jennifer stelt Eefke voor aan Bentes ouders.
"Eefke is Jennifers beste vriendin. Ze rijden altijd samen. Als
jullie winnen, neem jij de prijs in ontvangst, hè Eefke? Uit
naam van de hele groep. Want Jennifer kan moeilijk het

podium op. Straks valt ze er nog van af. Ik zeg natuurlijk met nadruk als. Het is nog niet zeker dat jullie hebben gewonnen."

Eefke knikt. "Nee, niet helemaal. Maar ik denk het wel. Mevrouw De Jager zei net dat ik een beetje vooraan moet gaan staan bij de prijsuitreiking. Ze knipoogde erbij. Maar als we winnen, wil ik wel naar voren komen. Dan vertel ik gelijk dat Jennifer de waardebonnen van de hele groep krijgt, voor haar nieuwe zadel."

"Geweldig!" roept Jennifers moeder uit, alsof ze het voor de eerste keer hoort. "Wat ontzettend aardig van jullie."

Eefke kijkt Bente vragend aan. "Jij geeft je waardebonnen toch ook aan Jennifer? Ik heb je daar eigenlijk nog niet over gehoord."

"Natuurlijk geeft Bente haar prijs aan Jennifer," zegt Bentes moeder meteen. "Bente is heel sociaal, daar staat ze op school om bekend."

Bente kijkt haar moeder vaag glimlachend aan, maar achter haar rug balt ze haar vuisten. Nu is de beslissing gevallen, denkt ze. Ik kan niet meer terug. Arme Menckel, voor jou geen deken.

"Lopen jullie even mee?" vraagt Jennifers moeder. "Dan krijgen jullie een kopje koffie van me en gaan we bij mijn man en mijn dochter staan. Gezellig met z'n allen."

De voorzitter van de ponyclub pakt de microfoon in zijn hand en vraagt om stilte. Even later heeft hij ieders aandacht. De prijsuitreiking begint!

"Er zijn vandaag drie prijzen weg te geven. Maar allereerst wil ik de gulle gever daarvan bedanken. Het is meneer Fagel van de ruitershop die zo vriendelijk is geweest om een paar leuke prijzen beschikbaar te stellen. Graag een warm applaus voor hem. En namens de club bieden we hem natuurlijk een feestelijk bloemetje aan."

Meneer Fagel loopt naar de voorzitter toe en buigt even naar het publiek.

"En dan nu de uitslag," gaat de voorzitter verder als het geluid verstomd is. "Ik zie iedereen al zenuwachtig kijken. Dus ik zal jullie niet langer in spanning houden."

Bente merkt inderdaad dat ze zenuwachtig is. Maar waarom eigenlijk? Als ze wint, krijgt ze de prijs toch niet. Weer balt ze haar vuisten achter haar rug. Wat is dit een rotdag! Het groepje dat de derde prijs heeft gewonnen, krijgt per deelnemer een mooi halster. Bente heeft de vier meisjes nog nooit gezien. Maar aan de opmerkingen en het applaus te horen, zijn ze binnen de club erg bekend.

"Dat zijn allemaal zusjes van elkaar. Ze rijden op het vierspan fjorden van de voorzitter," legt Jennifers moeder uit. "Als dat geen doorgestoken kaart is!"

Alweer die doorgestoken kaart, denkt Bente boos. Kan dan niets meer eerlijk gaan? Nou ja, als ons groepje wint, is het ook niet op een eerlijke manier geweest. Wij zijn overal geholpen. Nou ja, Jennifer is geholpen. Op een eerlijke manier hadden we waarschijnlijk ook niet gewonnen.

Ineens voelt Bente zich lichter worden. Als ik met Marlotte had gereden, had ik vast niet gewonnen, denkt ze. En nu wint ons groepje wel, maar krijg ik geen prijs. Maar die had ik anders ook niet gekregen. Laat ik er dus maar niet meer over piekeren. Ik spaar gewoon nog een tijdje door voor een deken. Maar die deken komt er, zeker weten!

De tweede prijs bestaat uit gevulde poetsdozen. De prijs gaat naar een ander groepje dat Bente niet kent.

"Wedstrijdruiters," zegt Jennifers moeder. "Kan niet missen. Die hebben vorig jaar de eerste prijs gewonnen."

"En dan nu de uitreiking van de eerste prijs," zegt de voorzitter. Hij wacht even om alle aandacht te krijgen. "Dit jaar kunnen we wel een heel bijzonder groepje blij maken. In de paardensport rijdt iedereen tegenwoordig voor zichzelf. Elkaar helpen is er vaak niet meer bij. Maar hier is een groepje dat door hun fantastische samenwerking heeft gewonnen. En daar houdt het niet mee op. Ze hebben onderweg ook nog eens een afspraak gemaakt over de prijs. Maar dat zal ik niet verklappen, dat doet een van de deelnemers. Wie vandaag hebben gewonnen? Dat is het groepje van Eefke, Jennifer, Bente en Simon. Ik heb gehoord dat Eefke het woord doet namens de groep. Eefke, kom eens naar voren."

Met een rood gezicht loopt Eefke naar de voorzitter toe. Ze voelt zich ineens erg verlegen met al die aandacht. Meneer Fagel schuift zijn zoon naar voren. Hij zegt tegen Bente: "Jullie gaan met z'n drieën op het podium staan en dan zegt Eefke dat jullie je prijs aan Jennifer geven."

Bentes vader geeft Bente een duwtje. Ze loopt maar achter Simon aan.

Eefke krijgt de microfoon in haar handen. "Eh, wij hebben met z'n drieën voor Jennifer gereden. We geven onze waardebonnen aan Jennifer. Als eh... bijdrage aan haar nieuwe zadel," zegt ze snel. Ze duwt de microfoon weer in de handen van de voorzitter.

De voorzitter begint te lachen en zegt dan: "Jennifer, kom eens naar voren. Eefke en je twee nieuwe vrienden willen je, geloof ik, iets geven."

Jennifers vader tilt zijn dochter het podium op.

Onder luid applaus krijgt Jennifer de waardebonnen overhandigd.

Ook meneer Fagel klimt het podium op. Hij fluistert iets tegen de voorzitter.

Deze zegt met een verheugd gezicht door de microfoon: "Jennifer, we hebben nog een geweldige mededeling voor jou. Meneer Fagel van de ruitershop vertelt me net dat je je waardebonnen mag inruilen voor een prachtig dressuurzadel. En dat je ook nog een nieuwe deken mag uitzoeken. Hij wil namelijk je sponsor worden als je wedstrijd gaat rijden. Wat zeg je daarvan?"

Een luid applaus volgt en Jennifer staat op het podium te huilen van blijdschap. Haar moeder komt naast haar staan. Ze slaat haar armen om de schouders van haar dochter. Er worden foto's gemaakt en het publiek kijkt opgetogen toe. Ook Bente heeft de tranen in haar ogen staan, maar het zijn geen vreugdetranen. Dat Jennifer een nieuw zadel krijgt, daar kan ze vrede mee hebben. Maar ze krijgt nu ook nog een prachtige deken. En dat terwijl ze al zo'n mooie deken voor haar pony heeft. Dat is toch niet eerlijk!

Voor de anderen is het nu tijd om feest te vieren. De muziek schalt door de ruimte. Er gaan dienbladen met bier en wijn rond. De kinderen van de club zoeken elkaar in een hoekje op en hebben lol samen. Bente staat alleen. Ze voelt zich buitengesloten en verdrietig. Haar ouders staan gezéllig met andere ouders te praten. Ze hebben ook een glaasje wijn in hun hand.
Bente loopt naar haar ouders toe en ze trekt haar moeder aan haar arm. "Ik heb buikpijn, ik wil naar huis," zegt ze.
"O lieverd, toch," zegt haar moeder geschrokken. "Je zult toch geen kou hebben gevat op je pony? Het was zulk guur weer vandaag en je bent zo lang buiten geweest. Heb je erge pijn in je buik?"
"Gaat wel," zegt Bente en ze kijkt de andere kant op. Ze is bang in huilen uit te barsten.
Haar ouders drinken hun glas leeg en lopen met Bente mee naar de uitgang. Daar stuiten ze op Jennifer en haar moeder. Jennifers moeder pakt Bentes arm vast. "O Bente, ik wilde je nog iets vragen," zegt ze. "Jennifer vond het zo leuk om vandaag buiten te rijden dat ze dat wel vaker wil doen. En Eefke kan natuurlijk niet altijd, want die heeft andere schooltijden. Wil jij niet af en toe met Jennifer buiten rijden?"
Bente kijkt Jennifers moeder aan alsof ze water ziet branden. Op deze vraag had ze helemaal niet gerekend. Met Jennifer buiten rijden? Ze rijdt altijd met Marlotte en Jennifer is

helemaal niet aardig...

"Natuurlijk doet Bente dat," zegt Bentes moeder meteen. "Gezellig, die twee meiden samen. Of ze kunnen met z'n drieën rijden, met Marlotte erbij. Marlotte is Bentes vriendin, ook zo'n lieve meid."

Het wordt Bente nu te veel.

"Ik kan toch niet rijden als het koud is?" roept ze woedend uit. "Ik heb geen winterdeken voor Menckel!"

Bentes moeder fronst haar wenkbrauwen. Zo'n uitval had ze van haar dochter niet verwacht.

Ook Jennifers moeder is even stil. Dan zegt ze: "Joh, wij hebben nog wel een paar oude dekens. Ik wilde ze al bij het grofvuil doen, maar eigenlijk zijn ze nog prima. Toen Jennifer deze nieuwe pony kreeg, wilde ze alles in een andere kleur. Eerst had ze blauw, maar rood ziet ze beter. Dus nu heeft ze alles in het rood. Weet je wat? Kom gezellig met ons mee. Dan drinken we bij ons thuis een drankje om het te vieren. En dan kunnen jullie een deken uitzoeken. Volgens mij hebben we wel drie blauwe dekens. Die mag je gerust allemaal hebben."

"Wil je dat nog wel of wil je liever naar huis?" vraagt Bentes moeder. Ze zegt tegen Jennifers moeder: "Bente heeft wat last van haar buik. Het is ook zo'n lange dag geweest."

Een deken voor Menckel, nee drie dekens voor Menckel, denkt Bente ongelovig. Als dat eens waar is!

"Het gaat wel weer," zegt ze snel. "Ik wil best met Jennifer buiten rijden hoor, als ik een deken voor Menckel heb."

Wat is dit raar, denkt Bente glimlachend in de auto. Ik heb de eerste prijs gewonnen en meteen weer verloren. Maar nu heb ik een deken gewonnen, of misschien wel drie dekens. En van het geld dat ik heb gespaard, kan ik iets anders kopen. Misschien een witte rijbroek voor de wedstrijden? Goh, ik heb gewonnen door te verliezen. Wat een geluk. Dat is eh... winst door verlies!

Wie is Stasia Cramer?

Geboren: Op 13 april - jaartal vergeten - in Den Haag (Nederland).
Kleur ogen: Blauw.
Haarkleur: Steeds minder blond, maar gelukkig nog niet grijs.
Lengte: Stokmaat 1.68, ongeveer zo groot als mijn merrie Tonise Louise.
Gewicht: Daar lieg ik altijd over en ik houd niet van liegen.

Woonplaats: Elim, een dorpje dichtbij Hoogeveen, in de provincie Drenthe.
Huisgenoten: Martin, mijn man. Hij is verslaggever bij het Dagblad van het Noorden. Verder hebben we drie honden. Als eerste Mosje, onze terriercombi. Hij is een echte komediant. Als ik een koekje eet, begint hij te trillen. 'Ik ben heel zielig,' zegt hij dan. 'En ik ben pas weer gelukkig als ik de helft van jouw koekje krijg.' Hondenbrokken lust hij niet. Nou ja, ik ook niet, dus die hoeven we niet te delen. Dan hebben we Senna, de enige échte Parson (dus hoogbenige) Jack Russell in ons huis. We hebben Senna overgenomen van de buren, toen de buurman was overleden. Mosje had Senna namelijk eens stiekem gedekt in hun schuur en dat schept natuurlijk verplichtingen. Afijn, hun oefeningen hebben veel pups opgeleverd, want ze hebben - na dat eerste nest bij de buren van zes jongen - hier een nest van negen en een nest

van zes pups gehad. Éénentwintig nakomelingen is niet slecht voor een Nederlandse reu en ook welletjes. We hebben Mosje laten 'helpen', al heeft hij het zelf vast niet als hulp opgevat. Eén van de nakomelingen van Senna en Mosje hebben we gehouden: Bibi. Bibi was de kleinste van het nest en omdat ik haar diverse keren het leven heb gered (alle tepels waren steeds bezet door dikkere pups), kon ik geen afscheid nemen van mijn lieveling. Wel logisch, maar misschien niet echt verstandig, want Senna en Bibi vechten regelmatig om onze aandacht.

Lievelingseten: Patat mét mayonaise, maar zónder spruitjes.

Lievelingskleur: Azuurblauw met een wit wolkje.

Favoriete muziek: Gouwe oudjes uit de jaren '60 en verder alles waar een beetje melodie in zit.

Favoriete kinderboek als kind: De serie Black, de zwarte hengst van Walter Farley en verder alle zielige dierenverhalen.

Favoriete dieren: Paarden en honden.

Droomwens: Een boek van mij in het Chinees vertaald. Geweldig lijkt me dat. Ik kan niet eens controleren of het wel mijn boek is; ze kunnen me wel van alles op mijn mouw spelden.

Hekel aan: Opruimen (van dieren) en vroeg opstaan.

Hobby's: Paardrijden (verrassing!); lezen (paardenbladen! en spirituele boeken); tv-kijken; pianospelen (moet ik nodig weer gaan doen).

Beroep: Vroeger wilde ik dierenarts worden, maar ik was nogal slecht in biologie. Bovendien kan ik niet goed tegen bloed. Tsja, wat moet je dan? In het onderwijs natuurlijk! Ik ben dertien jaar lerares maatschappijleer geweest. Nu ben ik parttime kinder- en jeugdboekenschrijfster én parttime paardrij-instructrice en organisator van ponykampen. Ik geef ook lezingen over mijn boeken op scholen en bibliotheken. De lezingen zijn interactief. De kinderen doen mee met een paardenrap en spelen in een vertelpantomime over een meisje dat gepest wordt.

Werktijden: In de winter schrijf ik boeken; in het voorjaar kwast en knutsel ik aan huis en stallen; in de zomer doe ik de ponykampen en in het najaar wacht ik tot het weer voorjaar wordt.

Over schrijven: Ik plaats mijn verhalen graag in de paardenwereld, omdat ik mijn hele jeugd op maneges heb gereden. Behalve door mijn eigen ervaringen met paarden en paardrijden, word ik bij het schrijven ook geïnspireerd door de opmars van Nederland op het hippische wereldtoneel met als grote voorbeelden Adelinde Cornelisse en Anky van Grunsven.

Emoties vind ik heel belangrijk in een boek. Deze emoties mogen best zwaar zijn. Als kind hield ik vooral van verhalen over dieren: honden die van hun baasje werden gescheiden - en onder de meest bizarre omstandigheden - honderden kilometers aflegden om hen terug te vinden. Prachtig vond ik dergelijke boeken!

*Op **www.stasiacramer.nl** kun je meer verhalen en foto's vinden van Stasia.*

*Voor de ponykampen die ze organiseert, heeft Stasia een aparte website: **www.hippago.nl**. Hier vind je foto's en filmpjes van de pony's en paarden van mini-manege Hippago, de boederij waar Stasia en Martin wonen.*

*Stasia's boeken worden verkocht op **www.ponyboeken.nl**, de website met de beste, de leukste én de meeste ponyverhalen en paardenfilms.*

Op de pagina's hierna vind je informatie over de andere delen in de serie Ponygek Omnibus.

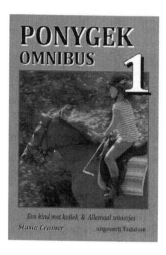

Een kind met koliek

Romy en Minke zijn gek op ponyrijden. Ze hebben beiden een eigen pony op de manege. Romy heeft ook een paardje van steen. Ze heeft het uitgeleend aan haar vriendin. Minke wil er een tekening van maken. Romy heeft het beeldje van haar oma gekregen. Nu oma dood is, mist ze haar erg. Ineens doet Minke heel raar. Ze zegt dat het stenen paardje stuk is en lacht erom! Is Romy nu ook Minke kwijt?

Allemaal smoesjes

Daniëlle heeft voor haar verjaardag een pony gekregen. Dat zou Mariska ook wel willen. Maar haar ouders vinden dat veel te duur. Nu moet Mariska allerlei smoesjes verzinnen, om toch haar zin te krijgen...

Een pony als geheim

Mees is een kei in ponyrijden. Van Connie mag ze op haar pony rijden. Ze mag ook meedoen aan het kampioenschap. Daarvoor moet Mees wel lid worden van de club.
Maar wie zal dat betalen? Haar moeder heeft geen geld. En aan haar vader durft ze het niet te vragen. Wat moet ze doen?

Vampier op de manege

Er gebeuren vreemde dingen op de manege. Het begon allemaal toen Gato kwam, het kleine paard uit Zuid-Amerika. Sloom was hij, overklaarbaar sloom.En onder zijn manen zaten kleine beten. Een enge ziekte? Jeroen dacht dat er een vampiervleermuis actief was en we gingen op zoek. Leuk, dacht ik, samen met Jeroen. Maar leuk is het allang niet meer.Jeroen wordt steeds bleker en hij doet vreemd.

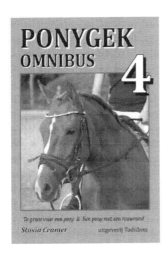

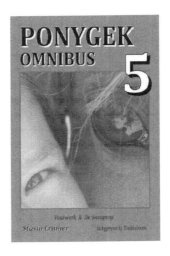

Te groot voor een pony
Cindy wordt te groot voor haar
pony Zano. Ze moet hem maar
verkopen, vinden haar ouders. Als
Wendy's ouders Zano kopen, is
Cindy zo verdrietig dat ze nooit
meer paard wil rijden!
Maar dan kopen de ouders van
Cindy toch een paard: Tijger!
Zal Cindy ooit op dit mooie sterke
dier kunnen rijden?

Een pony met een rouwrand
Jolijns beste vriendin is omgekomen
bij een verkeersongeval.
Jolijn is erg verdrietig. Alles deden
ze samen, Esther en zij.
Esther heeft recht op een mooi
eerbetoon, vindt de ponyclub.
Maar durft Jolijn op Esthers pony
afscheid te nemen van haar
vriendin?

Vuurwerk
Pine viert oudejaarsavond bij opa
en oma. Maar jammer genoeg is
haar neef Niels er ook. Pine en Niels
zijn tegenpolen, water en vuur. De
noodstallen, die Pine voor de
fjorden heeft gemaakt, worden
door Niels afgekraakt. Als het
eerste vuurwerk wordt
afgeschoten, lijkt Niels gelijk te
krijgen... En Pine staat er helemaal
alleen voor!

De wenspony
Myrthe is dol op ponyrijden. Haar
liefste wens is een eigen pony en
dan niet zo'n makke manegepony.
Nee, Myrthe wil een echte
dressuurpony, een pony die kan
dansen. Als Myrthe op een avond
drie vallende sterren ziet, doet ze
drie wensen. Ze wenst elke keer een
pony die kan dansen. Zal haar wens
uitkomen?

Stasia over schrijven

Schrijven is een vak, dat je al doende leert.
Natuurlijk moet je fantasie hebben. Ik heb mijn hele leven gedagdroomd, een mooie basis. Maar fantasie is niet genoeg. Een verhaal moet ook een logische opbouw hebben en een goede technische uitwerking. Ik heb van een andere kinderboekenschrijver geleerd dat een precieze vertelling van een handeling erg saai kan zijn. Lees het volgende voorbeeld maar: *Anne loopt naar de voordeur. Ze pakt de sleutel uit haar zak en steekt hem in het sleutelgat. Ze draait de sleutel naar links en duwt de deur open. Ze haalt de sleutel weer uit het sleutelgat en steekt hem terug in haar zak. Dan loopt ze naar binnen en sluit de deur weer achter zich.* Elke lezer is nu al afgehaakt. Wat kan die sleutel schelen? Beter is: *Anne gaat naar binnen.* Een schrijverstip (heel vaak gehoord, dus zeker niet alleen van mij): schrap alles wat je kunt schrappen.

Je leert veel over jezelf als je schrijft.
Zo wilde ik eens een spannend boek schrijven. Dat werd 'Nachtmerrie' (deel 3 van de serie 'Manege de Koning'). Maar ik kon het maar niet spannend krijgen. Ik gaf mijn hoofdpersoon veel te veel steuntroepen. Ik verplaatste me teveel in mijn hoofdpersoon en omdat ik zelf een bang persoon ben, wilde ik haar al die angst ook niet aandoen. Uiteindelijk heb ik het toch voor elkaar gekregen. Door te denken aan een enge film. Je weet wel, zo'n film waarin een vrouw haar auto in een donkere parkeergarage neerzet. Dan zie je als kijker al een paar zwarte schoenen in een deuropening staan, blikkert er een mes in het flauwe licht van het trapportaal en hoor je die engerd zwaar ademen.

Dan schreeuw ik: 'Ga daar toch weg, ga weg uit die parkeergarage. Neem voortaan een bodyguard mee en pepperspray of beter nog, zoek een rol in een andere film.' Maar dat mens van die film luistert natuurlijk helemaal niet naar mij. Terwijl de muziek aanzwelt, loopt ze in de val. Toen ik het trucje van de film door had, kon ik verder met mijn boek. Ik plaatste mijn hoofdpersoon buiten de groep. Ze werd buitengesloten en niet geloofd en zo iemand is ineens erg kwetsbaar.

Ik schrijf graag over paarden en verliefdheid.

Ik heb zelf mijn hele jeugd op maneges rondgelopen en elke paardenliefhebber weet hoe besmettelijk het paardenvirus kan zijn. Paarden zijn zo, ja, hoe moet ik het zeggen? Ze zijn zo (p)aards. Ze ruiken zo lekker, maken zulke gezellige geluiden en zijn zo groot en warm, zo aaibaar. Inmiddels wonen we op een boerderij en hebben we negen paarden. In de zomer organiseren we trainingsweekends en ponykampen. Stof voor verhalen genoeg dus. Maar ik schrijf ook graag over verliefdheid. Ook al wordt mijn buitenkant steeds rimpeliger, in mijn hart ben ik een jaar of zeventien gebleven. Eindeloos kletsen met vriendinnen, de slappe lach om niets en fantaseren over die ene kanjer. Ach, was ik nog maar zo jong. Toch geweldig dat je de tijd kunt terugroepen door verhalen te verzinnen. Dat is misschien wel het mooiste van boeken schrijven: je bent weer net zo oud als je hoofdpersoon.

Emoties vind ik heel belangrijk in een boek.

Deze emoties mogen best zwaar zijn, of sentimenteel. Als kind vond ik boeken met veel emotie erin heerlijk. Ik had dan een goed excuus om te huilen en kon op deze manier veel opgestapelde verdrietjes kwijt. Ik hield vooral van verhalen over dieren: honden die van hun baasje werden gescheiden en honderden kilometers aflegden in de meest barre omstandigheden om hem terug te vinden. Verder was de serie 'Black, de zwarte hengst' favoriet. Maar ik hield ook van echte meisjesboeken. Damesromannetjes vond ik prachtig. Van die stripverhalen, waarin zij hem uiteindelijk kreeg. De zus van mijn vriendin had honderden van die boekjes. Heerlijk gewoon!

Heb jij ook ponyverhalen in je hoofd die eruit moeten? Kijk dan op www.ponyboeken.nl. Je kunt het hele jaar meedoen met een ponyverhalenwedstrijd. Jouw verhaal wordt op de website gepubliceerd én je maakt kans op een prijs. Wie weet het begin van jouw schrijverscarrière!

Kun je wat hulp gebruiken bij het schrijven? Kijk dan eens op de website www.schrijvenonline.org. Je vindt er veel gratis tips.

9 789074 430173